代耕农

珠三角与京郊外地小农的生产与生活研究

黄志辉 李旭东 等 著

九州出版社 JIUZHOUPRESS｜全国百佳图书出版单位

图书在版编目（CIP）数据

代耕农：珠三角与京郊外地小农的生产与生活研究 /
黄志辉等著. -- 北京：九州出版社，2019.8
ISBN 978-7-5108-8220-3

Ⅰ. ①代… Ⅱ. ①黄… Ⅲ. ①珠江三角洲－农民－农
业生产－研究②珠江三角洲－农民－生活状况－研究③农
民－农业生产－研究－北京④农民－生活状况－研究－北
京 Ⅳ. ①F326.6②D422.7

中国版本图书馆CIP数据核字(2019)第166329号

代耕农：珠三角与京郊外地小农的生产与生活研究

作　　者	黄志辉等　著
出版发行	九州出版社
地　　址	北京市西城区阜外大街甲 35 号（100037）
发行电话	(010)68992190/3/5/6
网　　址	www.jiuzhoupress.com
电子信箱	jiuzhou@jiuzhoupress.com
印　　刷	北京捷迅佳彩印刷有限公司
开　　本	880 毫米×1230 毫米　32 开
印　　张	8.375
字　　数	155 千字
版　　次	2019 年 8 月第 1 版
印　　次	2024 年 4 月第 2 次印刷
书　　号	ISBN 978-7-5108-8220-3
定　　价	48.00 元

目　录

序

麻国庆

20 世纪 80 年代以及从 2005 年至 2015 年的时光里，我在广州中山大学人类学系学习、工作。在马丁堂，我曾指导过的学生们大都知道，我的人类学教学、研究不仅关心"远方的田野"，也十分关注"身边的他者"——同学们未必要收拾行囊远足他乡才能开始人类学的基本礼仪，对身边能够激起自身思考的一切现象展开深描、反思，也是人类学获得真知的重要通道。中山大学康乐园校区附近的鹭江村、康乐村、下渡村，以及广州诸多城中村、近郊村、远郊村和各式各样的工业园，都是我指导过的很多同学曾经涉足的田野。在今天这个全球信息贯通的社会之中，田野点的"远近"之别已经越来越模糊了。

至于广州身处的广阔珠三角区域，很早就是现代文明中的巨型经验宝库。这里是我国现代经济的发端地之一，改革开放更是让这片土地变得全球瞩目。改革开放以来，工商业的炙热号角在这个当代中国最为富庶的三角流域响彻了四十年，一切人力、物力、金钱以及形形色色的文化符号，在这四十年中不断重组，通过各种力量的形塑，并接成一个巨大的现代社会。当工业社会学的研究者以各种问卷、量表去不断测量这个庞杂的现代文明产物时，我觉得人类学可以用深描的眼光与深度的观察，去刻画这个身边的人类学他者社会。2007 年的夏天，当我的学生即本书第一作者黄志辉说他要以珠三角工厂围墙外的代耕农群体作为他的博士论文研究对象时，我欣然同意。他所谓的"代耕农"，是在珠三角承包、租种当地社会土地的外来劳动群体，早期以种粮为生、后来以种植蔬菜瓜果为主，群体形式多样，代种粮食的可以称之为"代耕粮农"，种蔬菜的可以称之为"代耕菜农"。该群体在北京郊区、长三角区域以及其他城市郊区，都有分布。

如果说二十年前在珠三角的人文社科研究领域流行的研究主题是农民工研究，那黄志辉所从事的就是"农民农"研究，这中间意味着一个关键的视角转换。早期的农民工研究者们，主要依据工业社会学或相关劳动研究者的理论视角，去分析那些从农村流向城市的劳动群体。黄志辉在本科及研究生一年级时，专业方向是社会学，他跟随一众农民工研究者们，阅读了布雷弗曼、威利斯、布洛维、裴宜理等人写作的大量的工业民族志，并参与了许多农民工调查项目。因此，他对"世界工厂"中的劳动过程非常熟稔。当他从社会学转到人类学后，听闻在珠三角工厂围墙之外，还有大量名为"代耕农"的劳动者；关键的是这些劳动者与工厂之内的劳动过程密切相关却又截然不同，引起了他的极大兴趣。于是，他从对车间、流水线的关注，转回至农田棚户之中。这种转向，意味着这位作者不再单单以传统小农的视角去研究代耕农群体了，而是以具有联系性与整体性的多维研究眼光，去体察这群同样位于世界工厂中的特殊劳动者。

在我看来，代耕农显然是当代中国农工合奏的产物，但这个合奏曲时有和谐、时有破音，并且，代耕农群体所处的时代情境也极为复杂，同时使用农业时代、机器时代乃至后工业时代的多维视角是必要的。在传统农业社会，也有对类似群体的诸多研究。例如费孝通先生在他那个时代观察农业社区时，就经常发现外来流民代耕他人土地为生的现象，费先生非常关心这种村庄"寄籍"或"附籍"群体，并将农业土地权与乡村入住资格关联，从而形成一种纵式分层社会的观察视野。再如瞿同祖先生直接在他的中国封建社会研究中，将封建时代的代耕关系视作总体性的封建生产关系，从而形成一种总体的支配格局观。但是，我们当下关注的代耕农群体，是在工业社会中产生的，工业资本、管理权力、分工格局是多种"新势力"；代耕农不仅要面对地方社会与地方权力，还要在新型工业势力的夹缝中生存，他们呈现出的历史形象与劳动地位，自然不同以往。有的时候，他们与这个时代，与他们身边的社会相契合，有的时候他们又被支配、被驱逐，但任何一个情境都值得展开多维深究的经验观察。

2011 年，我和黄志辉共同撰写过一篇有关当代代耕农的历史过程与生存情境的论文。同年，黄志辉完成了他的博士论文，该论文详细展示了珠三角两种代耕农所处的时代背景与支配格局，细致描述了珠三角代耕农的生产与生活。2013 年，黄志辉的新书《无相支配：代耕农及其底层世界》在我编的一套丛书中出版。但是，他的代耕农研究并没有就此中断。

2013 年之后的几年，黄志辉延展了研究空间，继续在北京郊区、长三角等地展开研究。他主持的国家社科基金青年项目、北京市社科基金项目，仍然是以代耕农为研究对象，他在此基础上陆续撰写了研究报告，并发表了一些论文。此外他的很多同学、师弟乃至他的学生，也在不断开展代耕农研究。我指导的另一位博士生温士贤同学，同样围绕代耕农议题，2013 年后继续在广东地区展开博士论文研究。温士贤研究的代耕农群体，居住于地处珠三角边缘的阳江市，是来自云南省的苗族，极为特殊，具有典型性意义。2014 年，中山大学的麻博洋同学与我另一位博士生苏世天，再度奔赴黄志辉曾经的田野点之一，展开了追踪调查与学术对话，并发表了相关成果。2016 年以来，中央民族大学的李旭东同学，在他导师黄志辉的指导下，一直关注北京南郊的代耕农群体。李旭东同学投稿的代耕农研究论文，获得了学术刊物《探索与争鸣》第三届"全国青年理论创新征文奖"一等奖（这是该刊给青年学生的一个重要鼓励），他的毕业论文也获得了中央民族大学的优秀毕业论文奖励。黄志辉研究生时期的同学，现为中山大学社会学系副教授的黄晓星，也是代耕农深度研究的先行者之一，他在 2009 年至 2010 年间，系统研究过广州市白云区的菜农群体。总之，本书虽是一本合著，但方法视角、研究理念和研究对象是统一的，均是基于对工业社会中代耕农群体的深度观察而展开的民族志研究。我阅读过本书中的各篇论文，现概括每篇文章的主要内容，分享给读者。

本书中《工业化与城市环形扩张过程中的生态与游耕：珠三角与北京郊区的代耕菜农》一文，将中国东部大都市郊区的"代耕农业圈"现象，视作一种现代性的工业生态，指出其中的代耕菜农是游耕于现代工业生态情境中的劳动群体。在都市外的"代耕农业圈"中，劳动力、土地、水源、河流、天气等生态要素，都受到了来自非自然因素的支配。文中来自珠三角与北京大兴郊区的案例均表明，生存于工业化或城市化进程中的代耕菜农，他们所从事的耕作已经不是传统农业社会的耕作，而是受现代化进程所支配的、不可逆的耕作；他们所从事的农业生产，是配套工业化和城市化的农业生产，是一种耗竭地力的"反常"式生产方式。这种具有现代工业社会的田野调查视角，与以往的生态人类学研究是有所不同的。

《珠三角与京郊的自我生产政体：被忽视的自雇式代耕农》一文，直面了现代工业社会学劳工过程理论的局限。作者认为由于劳资关系的框架所限，诸如"工厂政体""关系霸权"等概念，在分析中国工人群体的复杂性时显得捉襟见肘。作者将那些没有劳资关系的工人及其生产方式称作"自我生产政体"——一种以往研究所忽略的自雇式劳动形态。通过对珠三角、北京郊区的代耕菜农的观察并基于田野材料，该文不仅揭示了"自我生产政体"的基本形态及其运作机制，而且指出了该生产方式与"工厂政体"甚至是整个资本主义生产链条的关系。

《双重边缘性与个体化策略：关于代耕农的生存故事》一文，分析了一群在广州边缘租种土地为生的代耕菜农，指出在制度与市场双重挤迫下，他们在应对地理空间和社会空间双重边缘性时所采取的以个体化为主的生存策略。双重边缘性源于市场和制度的形塑，而这构成了约束代耕农行为的核心结构性特征。该文强调了代耕菜农们的主动实践能力，再假以外部的关怀，他们完全可以能动地争取一个更好的生存环境，作者认为这或许是改善代耕农生存状况的一条途径。

《反思弱者武器的效度：以珠三角代耕农为例》一文，则是基于代耕农的经验材料，与美国人类学家詹姆斯·斯科特展开的理论对话。此文认为斯科特的弱者理论在面对转型中国的底层群体时，其解释力非常贫困。这是因为：第一，过去三十年中底层大众面临的支配体系发生了急剧变迁，弱者所面临的社会情境及其成员资格随之变化，弱者的武器没有施展的空间；第二，当下存在许多身处世界资本主义体系下的自雇式劳动者，虽然服务于资本却与资本没有直接关系，反被其隐性控制，弱者的武器没有施展的对象。立足于这两点判断，甚至可以全面反思西方社会学底层研究理论的不足。

《流动社会中的"过渡日常"——一个基于京郊代耕菜农研究的经验分析框架》一文，从"过渡"的日常经验分析视角来研究代耕菜农群体。此文中所说的"过渡日常"，是指处在现代流动社会中的劳动者因各种原因从家乡来到异地谋生，但其得不到在异地扎根的成员资格，在这种困境下，劳动者表现出一种临时性和过渡性的生产与生活状态。从日常生产与日常生活两个面向以及"过渡经济"心态来理解劳动者在具体过渡时空中的实践行动、情感体验与意义表达，结合"总"（总体性生活生产）与"分"（细节性行动）两种视野来理解劳动者的"过日子"，有助于理解当今转型社会中的底层劳动者议题。

《机会成本的变更与代耕农生存境况的转换》一文是一个追踪研究，希望从经济学学科角度出发，改换一点以往人类学、社会学式的研究思路。以往对该群体的研究侧重于从代耕农自身来展现其历史过程与社会处境，此文立足于"机会成本"与"外部效应"等经济学概念，试图从当地人的视角出发，来展现代耕农生存的被动境况，揭示代耕农身处当地人、基层政府以及工厂主的理性选择视野之外；并指出一些行动主体的行动取向过度唯利是图，没有道德的维度。总之，机会成本发生改变的同时，代耕农也从"嵌入"走向了"脱嵌"，其社会经济层面的生存境况也从外部正效应走向了外部负效应。

《落地生根：阳江苗族代耕农的土地交易与家园重建》一文十分关注"成员资格"概念的方法论意义。文章指出 20 世纪八九十年代，广东省平原地区的田地富余而又缺少劳动力的村落，通过招徕外部劳动力来缓解生产压力，在这一背景下，云南山区的苗族人迁移到阳江农村代耕。他们取得异乡土地的耕作权，并通过购置土地和旧宅的形式实现定居。此文认为在城镇化进程和当前土地政策的合力作用下，村落社会的定居权已成为可交易的商品，进而为外来群体在异乡定居提供了机会。来自异乡的苗族代耕农并非生存压力下的被动行动者，他们在定居的过程中重新建构着自身的社会网络和生存空间。

《北京市大兴区代耕菜农问卷调查描述报告》是本书第一作者最新项目研究的问卷调查成果。报告指出，北京郊区的代耕菜农群体诚然是生活在京郊劳动力市场中的"底层劳动力群体"，他们在近三十年中，一直伴随着都市化的过程往更远的郊区"游耕"。在这个过程中，代耕菜农群体为北京都市化与经济建设提供了规模巨大的物质基础。根据调研数据，代耕菜农每年给北京市民及流动人口提供数十亿斤的新鲜蔬菜，为北京民生建设贡献了巨大力量。但该群体的生存条件、劳动境况十分糟糕，劳动强度极大，而且一直处于社会边缘，关键是处于被动生存的境地，耕作权益和劳动身份的归属性没有实在的保障。基于作者的数据，甚至可以假设，如果北京郊区失去了这一劳动力群体，蔬菜市场的价格体系完全会出现巨大浮动，北京市民将完全依赖交通运输体系以及北京以外的蔬菜供应市场来维系自身的运转，这将部分使得首都的民生体系处于部分的不确定性之中。由于相关部门对该群体的相对忽视，遑论对应的管理体系，使得该群体的价值与问题一直得不到相关重视。马克思在研究法国农业社会时，将小农视作一袋没有联系的"马铃薯"。京郊的代耕农之间存在具体又抽象的联系，但又完全缺乏基本的整合力量，无论内、外，他们都缺失联结的动力，整个社群内外，一盘散沙。

《代耕菜农群体的生产与生活：北京市大兴区朱村田野调查报告》则是作者在北京郊区的田野调查成果。该田野调查报告以大兴区东端长子营镇朱村的代耕菜农为例，以民族志的方式全方位描述了该劳动群体的劳动境况、生产安排、人际交往与市场交易的细节。长子营镇出现代耕菜农的历史不长，时间上不超过十年，但是这里的菜农很多都是从大兴区、丰台区转移游耕过来的，有些人在北京的代耕史长达近三十年。对他们展开深度的田野调查，更有利于浮现整个北京南部郊区代耕菜农的耕作历程。为了浮现生产过程的细节，报告对劳动现场、土地安排、市场贸易的场景均做了深描，以利于读者对该群体展开更深刻的理解。

综上，是本书研究的主要内容，更是对以往"代耕农"研究的重要补充。本书中的几位主要作者，未来还将出版更为精细的代耕农研究成果。我希望这些研究成果能将"代耕农"塑造成一个当代人类学、社会学的经典案例和经验类型，并成为关照我国社会发展变迁过程中的有利镜鉴。本书中的诸多成果，得到了《开放时代》《探索与争鸣》等优秀刊物及九州出版社的肯定，这是学界对青年研究者的栽培。我一直认为，学术成果的凝练，不仅依靠学术团队内部成员的勤劳，更需要总体学术共同体各部分的自觉、勤奋与合作，只有这样方能实现真正的人文社科知识的不断增进！

工业化与城市环形扩张过程中的生态与游耕：珠三角与北京郊区的代耕菜农 [1]

黄志辉

一、"化"学进程与代耕农业圈

近年来，社会科学的生态研究，是在一系列工业化、城市化、市场化以及全球化等与"现代化"背景有关的"化"学进程中展开的。这种"化"学变迁过程，经常被指责成"单向度"的发展模式，它牺牲了自然与人文社会中的多样性，导致耕地不断被工业蚕食、森林不断被破坏、水源不断被污染、草原的游牧体系不断在退化。于是，形形色色的人文生态研究便在此类喋喋不休的批判声中，如同雨后春笋般不断

---

① 本文主要内容基于作者2013年在《广东社会科学》期刊上发表的文章《工业化与城市环形扩张过程中的生态与游耕——珠三角与北京郊区的代耕菜农》，收入本书后内容有调整。

涌现出来。大多数人所扼腕的，是我们自然的"绿色"不断被工业或城市的"灰色"所替代。但是，灰色或者"灰化"之后呢？很少有人持续关注被"化"学过程之后的生态呈现出怎样的图景。在我们看来，我们的生态研究与其仅仅停留在简单的批判层次上，不如进入工业区域、城市郊区，去看看所谓的灰色区域中具体情况——对现实图景的展现要比无谓的抱怨更具批判性。那些被"化"学进程覆盖或"威胁"的区域，有什么样的运转模式？其中人们的生态观与实践观有什么不同？耕地者、游牧民、养殖者等劳动群体在使用土地的实践逻辑上有没有发生巨变？这都是我们要关注的问题。

自从 20 世纪 90 年代以来，中国东部地区（尤其是珠三角地区，长三角地区和北京东部、南部郊区）频繁出现了一种小面积土地代耕的现象。这种代耕现象普遍分布在工业园区或城市郊区，我们称之为"代耕农业圈"。在这些区域中，由于城市化、工业化的扩张，本地人"洗脚上田"、弃农经商或坐食租利，留下许多土地可供外地人耕作。同时，城市与工厂需要大量的新鲜蔬菜，尤其是因为叶菜的远距离运输不便且成本较高，吸引了许多外地农民在城郊或工厂旁租上三五亩的土地，以种菜为生，他们也被称为代耕菜农（黄志辉，2010&2011）。例如，2009 年至 2011 年期间，珠三角地区诸如此类的代耕菜农人数超过 20 万，以来自广西、湖南、江西、四川的农民为主；2011 年至 2012 年间，在北京市郊区，仅大兴区的菜农就超过 2 万人，若加上密云、房山、通州等区的菜农，则总数不小，以来自山东、河北、河南的农民为主；我们未曾在长三角地区做过全面调查，初步调查显示长三角的菜农主要来自安徽、苏北以及江西等地，数量不详。

可以想象的是，这种"代耕农业圈"并不稳定。随着城市化与工业化进程的不断扩展，代耕农业圈也不断外移、变动。相应的，代耕菜农也在这种变动中而不断迁移、流动。所以，在这个意义上我们也可以称那些因工业化或房地产扩张而流动耕作的菜农群体为"游耕者"。

毫无疑问，工业化与城市化的扩张进程与"代耕农业圈"之间存在紧密的因果关系。同时，工业、城市建设、农业耕作，以及相关的土地、水源、河流、天气等要素之间，也必定形成了一套互相关联的生态逻辑。我们的目的就是要去探索这种逻辑，描述数量如此庞大且不断流动的菜农群体如何使用他们租来的土地，并揭示他们在代耕农业圈中形成了怎样的生态观念。对于这些问题，我们需要进入代耕菜农的劳动现场来进行追问。本文分别以珠三角以及北京市大兴区村落中的代耕菜农为研究对象，展现该群体如何在流动状态中适应环境，使用土地与水源的场景，并分析其中隐含的支配性逻辑。

二、工业体系中的游耕生态及地力遭"蹂躏"的根源

珠三角水系发达，土肥地阔，再加上四季相对高温，极其适宜种植蔬菜。从 20 世纪 90 年代开始，珠三角便出现了大量的代耕菜农，主要分布在广州、深圳、东莞等市的城郊或者工业园区的周围。在最近二十年中，菜农群体不断在珠三角地区扩散、流动。从广州、东莞、佛山，到惠州、中山、珠海、江门等地，该群体的游耕规模不可小觑。

我们知道，在传统农村社区中，农业耕作是相对稳定的生产方式，为何在珠三角变成了游耕方式？从宏观上来看，其主要原因在于工业化、城市化的扩张。一方面，因工业征地、房地产开发等因素挤压菜农的租地空间，导致菜农不断流动耕作；另一方面，由于珠三角地区的耕地出租市场出现了等级化现象，深圳、广州、东莞等地的地租较高，且土地较少，中山、惠州、珠海、佛山耕地存量相对较多且地租较低，自然导致许多菜农有所选择地在不同地市流转种菜。我们调查过的中山市 LX 村，共有 84 户菜农，其中有一半以上的菜农是在 2008 年前从其他地市、乡镇转至中山市 LX 村耕作的。而到了 2011 年底，该村的代耕菜农中超过三分之一的

人再次离开，奔赴其他市镇耕作。2015 年，由于 LX 村将耕地收回建厂房、盖园林，一半的外地菜农于当年年底离开了。在流动方式上，这种耕作有些类似于草原上的游牧生产方式。但不同的是，驱动游牧民变动游牧地点的根源在于自然生态的四季自然变动以及草原社会结构及权力组织，并且游牧民在某种程度上具有可逆性——游牧点在一段时间之后将恢复放牧功能；但是，代耕菜农的游耕驱动力量在于前述"化"学力量，且不可逆。因为耕地一旦变成水泥工厂与楼房，就难以恢复农业生产的功能。

　　以游耕为特征的代耕现象，是为当地工业体系所支配并为其服务的。代耕菜农自身并不掌握土地、水源等自然资源，这些资源掌握在当地村集体手中。而对于本地人来说，他们更加希望卖地、建厂。土地、水源优先供给工业，以换取年终丰厚的分红。代耕菜农能够租得的土地，是工业化与住房建设的"剩余"（虽然国家强调耕地保护，但据了解，珠三角地区的耕地保护指标总是很轻易就被转嫁给广东省边缘地区）。在 2007 年前，中山市 LX 村剩余耕地在 1000 亩左右，除几片芭蕉园地之外，其余都是代耕菜农所租种的菜地，超过 100 户菜农；2007 年至 2011 年期间①，大量土地被征用，该村仅剩不到 800 亩耕地，共计有 84 户菜农耕作；而 2011

---

① LX 村耕地租用合同每四年签一次。

年底至今，该村耕地数量虽未变化，但原有的耕地中将近半数被辟做苗圃、园林，大面积地承包给种植园老板，仅剩余不到 30 户代耕菜农。因此，在某种程度上，我们可以将农业视为依附于工业的生产方式。同时，代耕群体的劳动过程也必定受到工业生产过程支配。例如，代耕菜农的蔬菜供应对象主要是工厂食堂、周边饭店与城镇农贸市场，而农民工是蔬菜的主要消费者，但工业的兴衰又决定了农民工的数量。消费的阀门掌握在工业体系手中，宏观的工业极大地影响了微观的农业劳动过程。

土地与水源均被污染得较为严重。在 LX 村，虽然水系发达，灌溉方便，有利于蔬菜生长，但水源本身已被污染。村里的小河从东边流向西边再蜿蜒向南，中途经过两大片菜地、三个村民小组以及十一家小工厂，工厂与生活废水都排弃在河流里。由于代耕菜农居住在农田的棚户中，他们没有自来水，大部分人只能去村里接自来水当饮用水，但要缴上一定费用。日常的洗衣、洗菜等劳动在耕地的沟渠里就能完成。但问题是，土壤本身也是有污染的，再加上 LX 村土地碱性极重，且容易繁育螺虫，使得菜农的饮食生活极不卫生。

对于长期耕作于内地的农民来说，他们初来乍到，并不熟悉珠三角的生态和生产状况。一些菜农初次来到珠三角耕作，往往因为不熟悉当地的土壤、水文、天气，而种不出好菜来。他们必须花费一定的时间成本和经济成本来掌握关于当地耕作环境的知识体系。例如，如何应对台风、暴雨与旱季时节的耕作，是每位来自外省的菜农都必须掌握的技术。

在上述时间适应成本和技术成本之外，他们要掏出一笔不菲的硬性经济成本。主要的经济成本有三类：第一类是生活成本投入，包括搭建棚户、购买基本生活资料；第二类是地租投入，租金价格的多少决定于地块的好坏①、面积以及租地期限；第三类是生产性投入，包括生产工具、种子、农药、化肥等开销。此外，购买运输蔬菜的三轮车或摩托车也是一笔不小的投入。所有的费用加起来，使得初次承包耕地的菜农在第一年中至少得掏出 15000 元以上的成本。为了能够在租地期间收回成本，代耕菜农采取了两种"压榨"方式。一种是"压榨"自身，即在有限的时间里尽可能多地劳动；另一种是"压榨"土地，即在有限的空间里最大可能地利用土地的肥力。

对自身与土地的"压榨"均体现在菜农的劳动时间与劳动安排上。代耕菜农每日的劳动时间，均在 12 个小时至 16 个小时之间，他们凌晨 3 点至 4 点左右就要起来劳动，这一

---

① 在 LX 村，那些较为平坦、泥土较深、灌溉便利的土地，年租金都是 800—1000 元每亩的价格；中档地租在 600 元至 800 元之间，一般是位于村落周围的土地，不算肥沃，地质一般；低档地租不会低于 500 元，这种土地一般是在山脚，较为贫瘠。

点不论是在珠三角的农田里还是北京大兴郊区，都是一样的。为了让自身在每月的不同时期和每天的不同时段都有活干，代耕菜农发挥了传统小农的理性思维，以一种"轮耕"的方式使用土地。即将土地分成无数个细块，每个细块种上种类和生长期不同的蔬菜，翻耕、播种、培育、生长、收获，不断轮回。但这种轮耕与"刀耕火种"的耕作方式不同的是，土地没有休养生息的机会，是一种"虚假轮耕"。一块土地收获以后，马上作为种子区或移栽区投入使用。在珠三角，菜农没有休闲的时间，耕作以外的生活被大幅度地消减了。

对土地的压榨更加不同寻常，这一点体现在劳动过程的细节上。为了节省经济成本，菜农们更多地使用较为便宜的化肥而非复合肥料，几乎没有传统的"农家肥"来保持地力。因为他们清楚，自己在当地的耕作是暂时的，而不是像在传统农业社会中那样，持有年复一年的可持续耕作观念，会注意将土地肥力延续下去，保持土地未来的可耕性。另外，在LX村的菜地里，可以很清晰地看到一条条又宽又深的沟壑。据有些菜农说，挖掘这种沟渠的目的，并不仅仅是为了排灌方便，也是为了将较为肥沃的深层泥土挖出来，覆盖在表层上，增加地肥。不得不说这种耗竭地力的农业耕作方式，只有在工业社会中才存在。而耗竭土地后所生产的蔬菜源源不断地送至工厂、快餐店、酒店或市民家中。在蔬菜生产的春秋旺季，菜农几乎平均每天都要收获 200 斤以上的蔬菜。即使在夏天与冬天，平均每天也有 100 斤以上。也就是说，84户菜农平均每天生产的蔬菜数量超过 10000 斤，附近工厂食堂是最主要的购买者。

耗竭自身以及土地的目的，都是为了获得更多的收入。LX 村代耕菜农的收入与产出在每个季节乃至每个月都有所不同。在农历五月至九月的高温期，蔬菜种植要面临天气灾害的巨大瓶颈，台风、暴雨频繁，相对的旱涝交替，产出十分艰难。如果菜农通过不断地劳动，如勤淋水、勤翻土、勤除草，加上一些好运气，即种类的配置与市场销售都顺利的话，反而能赚到钱。而到了农历十月以后天气转凉，温湿天气适于蔬菜生长，用菜农的话说："瞎子都能种出一地好菜来。"所以，此时的蔬菜出产量大，价格降低，很多人觉得这时候反而赚不到多少钱。加上宏观工业环境的影响，菜农每年种植的收入各不相同。例如金融危机便会影响菜农的收入。LX 村 84 户菜农在 2007 年、2008 年两年的收入平均在 3 万元以上。但是，一旦遇到工业征地、金融风暴或本地人强行收回土地等复杂情况，收入就变得极其不稳定。到了 2010 年，很多菜农表示去年的收入远低于他们的预期收入，这是因为 2008 年金融风暴的发生，导致 LX 村附近工业园区中的不少工厂倒闭，农民工大量转移、返乡，使得蔬菜无人购买，蔬菜价格骤跌。

综上，我们可以看到，LX 村剩余土地的运行逻辑受到了工业资本与基层行政权力的共同支配。代耕菜农对土地没有所有权，甚至其使用权都是不完整的。菜农群体之所以在珠三角地区不断流动并形成游耕的状态，背后的原因是工业化、城市化不断地推进、波动，从而使得该劳动群体在不同的耕地市场中流转。由于珠三角主要经济形态是第二、第三产业，所以其农业、生态、自然也要受到工业的决定性影响。除了地租、土地使用方式等因素之外，土壤、肥力、水源、天气本身也会受到各种间接性的影响。因此我们能够明白，代耕菜农在不稳定的游耕状态下，为了争取更多的收入，只能将有限的时间和人力投入土地，并使劲"压榨"土地的肥力。这种耕作方式不同于传统农业社会的耕作，而是隶属于工业社会的。地力遭到耗竭的原因，在于工业体系的支配。

三、环形扩张过程中的代耕菜农

2008 年至 2012 年 11 月份期间，北京市大兴区 HC 镇 H村与 G 村工业园之间的农田里，有共计 293 户来自河南、河北、山东等地的代耕菜农。在 H 村的 293 户菜农中，每户菜农平均租地 4—5 亩，最少不低于 3 亩，最多不超过 8 亩。北京郊区与珠三角地区的菜农群体在某些方面相比有所不同：其一，北京的代耕菜农是与当地个体农民签订的转包协议，而珠三角的菜农一般是与村民小组（他们仍称为"生产队"）签订协议；其二，由于冬天在北方种菜要搭建大棚，所以耕作成本远高于南方；其三，蔬菜种植类型有所不同，南方的蔬菜品种多样且生长期短，北方相对来说品种较少且生长期长。在这一部分对北京郊区代耕菜农的描述内容中，我们将侧重叙述他们与本地人的关系，以及该群体为何不断"游耕"的原因。

　　2012 年 12 月份下旬至 2013 年 1 月上旬期间，H 村的农田中有 40 多户代耕菜农正在拆棚、起桩、打捆稻帘①并装车，他们预备迁往南边的庞各庄镇、小张本庄等地种植蔬菜。但是，他们与本地人签订的租地契约明明要到 2013 年 4 月份才结束，为什么要提前离开？普遍的回应是："种不下去了。在这边种租金高，没有钱赚，还受欺负。"到 2013 年 4 月份，一半以上的菜农离开该村往更为偏僻的郊区耕作。而在 2008 年前，该村 293 户菜农中有一半是来自北京市南五环内，即大兴区西红门镇，他们以前在那租地种菜；自耕地被征用后他们就往五环外更加偏僻的地方迁移。短短的几年时间内，

---

　　① 稻帘是用于蔬菜大棚保暖的生产资料。

许多菜农已经流动了三次以上。

站在代耕菜农的角度上看，他们租地之后是不愿意频繁迁徙的。因为与南方不同，北方种植大棚蔬菜的成本极高。再能干、再勤劳的菜农，也很难在第一年内就收回成本，更别说盈利了。只有搭好了大棚、盖好了居住用的简单棚屋，并熟悉了当地的土地、水源状况与市场行情，才能开始有所盈利。如果中途离开，许多初始建设投入的劳力、建大棚或建屋子用的材料就浪费了。一位代耕菜农告诉我："建造蔬菜大棚打入地下的木桩和竹撑，在地里一两年后就会开始沤烂，如果拔起来，就没用了。"仅仅是出于成本的考虑，谁也不会愿意中途离开。除非受到了驱逐力量的干扰。

2010 年前，H 村的每亩耕地租金还低于 2000 元，随后就涨到 2200 元。即使是这个价格也很难租到土地。据一个本地人说，他们现在将土地租给农业种植公司，价格在 2600 元至 2800 元一亩。因此，当地人试图让代耕菜农离开。但是他们签订的耕作契约一般是四年或五年的期限，大部分人要2013 年或 2014 年才到期。于是，当地村委便在供水、供电以及菜农所建的住房上"做文章"。

与珠三角水系发达的特征不同，在北京郊区种菜所需的用水必须通过打井来实现。但当地规定：外来菜农不得私自挖井灌溉，必须向当地申请且缴纳一笔费用才能动工。在

2008 年之前，H 村帮助代耕菜农挖一口井，其费用平摊至每户人家大概只要 500 元，然而这个价格不断增长，至 2010 年就翻了一番。而当笔者 2013 年 1 月上旬再去调查的时候，挖一口同样灌溉规模（30 亩地左右）的井，费用涨至 3 万了。

本地人还通过提高水电价格来驱逐菜农。日常生活中，最大的用电量便是灌溉。当地村委给每户菜农发一张用电卡，每张卡成本费 50 元。灌溉井旁安装了刷卡机，要用水的时候刷一下就行。普通情况下，每户菜农的灌溉用电量达到每个月 150 度至 300 度不等。2009 年前，用电价格是每度电 0.5 元；到 2010 年，由当地人调至 0.8 元；至 2011 年，调整到 1 元；2012 年，电价调整至 2 元。并且，2012 年，菜农在耕作过程中反复遭受断电的袭扰，当年无故断电在 10 次以上。涨价与断电的举动引起了菜农的普遍不满，他们曾经集体向 HC 镇政府反映过问题，但是后来当地除了将剪断的电线接上以外，并没有下调电价。反而，在 2012 年 11 月份，H 村的代耕菜农均接到了来自村委的最后通牒：如果在 2013 年 7 月 1 日前还未搬走的话，用电价格将上调至每度电 5 元！笔者的访谈对象说："涨到 5 块，我们一个月要交将近 1000 块电费！"

除了以用水、用电为要挟之外，菜农在农田中搭建的棚户也经常被指责为非法建筑。实际上，菜农自身也不愿意将临时居住的房子搭建太大，因为浪费成本。但问题是，他们在搭建的时候不会面临责罚，但建成后却被指责为"违规"，被威胁要拆除。

在这种紧张关系下，许多菜农觉得难以为继，有些人认为即使亏本也不能继续在 H 村继续耕作了，他们准备迁向东部、南部地区更为边缘的村庄。在 HC 镇南边的庞各庄镇以及东边的青云店镇，许多更为边缘的村庄欢迎代耕菜农代耕农田。例如，青云店镇的小张本庄，甚至已经在预租的耕地里装好了免费的灌溉设施。笔者的访谈对象说："人家那边多好啊，电费只要五毛，地租又便宜，还帮我们修好了管子，只要过去种菜就行了。"

代耕菜农已经游耕到了北京新一轮环形扩张的边缘。他们当年从南四环、南五环迁移出来，主要就是因为城市化扩张以及工商业建设的缘故。今天前往六环外的原因与当年离开的原因也是一样。工业化、城市化进程所覆盖的土地价格与土地使用逻辑，遵循的是工业、市场的逻辑，而不是传统农业的耕作逻辑。并非是 H 村的人"很坏"，而是因为工业与城市建设过程本身导致了土地市场的波动，从而影响不同人群的利益观念。在下一个十年中，如果北京市继续南扩、东扩，那么在庞各庄镇与青云店镇的代耕菜农可能仍然要重复面对以往在西红门镇或 HC 镇的遭遇。

代耕菜农从北京南五环西红门镇到南六环 HC 镇再到六环外庞各庄镇或青云店镇的游耕过程，是一个从中心往南部边缘或东部边缘不断外迁的过程，这个过程正好与北京南部、东部的环形城市化扩张有关。总之，我们已经可以清晰地看到，土地、水源甚至天气等自然生态要素，以及劳动力及其产品，是由工业化、城市化等"化"学进程所支配的；甚至外来菜农与本地农民之间的关系及其变动，也是由这一看不见的"化"学进程所主导。

四、结论

本文的两个案例均来自我们的田野调查。珠三角与北京郊区的代耕菜农的故事应该足以表明：以城市或工业区为核心，东部地区的城市周围逐渐形成了一些代耕农业圈。这些代耕农业圈的形成，是本文伊始提出的"化"学进程导致的。工业化、城市化、市场化的推进，一方面抬升了中心地区的土地价格，使得城郊地区的农民具备了"洗脚上田"、坐食土地租利的机会；另一方面，城市与工厂集中的大量人口，产生了新鲜蔬菜的消费需求。两方面的原因吸引了来自更加边缘地区的农民到郊区、厂旁，以租地种菜为生，进而生成了代耕农业圈。

支配代耕农业圈运行的逻辑已经完全不是传统农业社会的逻辑，毋宁说是许多学者所指责的自由市场逻辑。这种逻辑蕴含了工业与城市资本、权力扩展的线索，将耕地、水源打上了"工业与城市发展优先"的烙印。我们虽然看不见所谓的"市场的调配之手"，却看得见当地农民因为急于将土地货币化而驱逐代耕菜农至边缘地区的过程。与此同时，工业的波动与城市的扩张效应既控制了土地的货币价值，又控制了蔬菜销售总量的需求；工厂与城市的工作、生活节奏同时又影响着代耕菜农的微观劳动过程。更为严重的是，在没有有效干预的前提下，工业与城市造成了巨大的环境污染状况，土地、水源、河流、天气等生态要素也变成了"化"学反应的对象，都市代耕农业圈中的生存状况、耕作条件、农产品质量朝向越来越糟糕的方向变异。

"游耕"是当代代耕菜农群体的总体特征。传统农民与传统农业是较为固定的，而与农业社会的居住生态正好相反，代耕菜农群体则是不断流动的，即处于一种"游耕"的状态。不论代耕菜农是在珠三角分等级的土地市场中流动，还是在北京的环形城市化扩张过程中流动，主导菜农游耕及其游耕速度、频率的根本，在于工业化与房地产市场的扩张速度。并且，这种"游耕"与游牧民的流动或"刀耕火种"相比，是不可逆的，因为土地被钢筋水泥覆盖后就难以恢复农业生产的机能。

要强调的一点是，代耕农业圈中的农业生产不仅没有退化，反而呈现极其繁荣的状态。不论是珠三角 LX 村，还是北京市 H 村，仅一个村庄中的代耕菜农每天生产的蔬菜就数万斤甚至更多，供应给城市或工厂中成千上万的市民或农民工群体。这可不是"放卫星"，而是真实发生在城市郊区和工厂旁边的农业生产现象。可以明确指出的是，在东部许多城市的农业统计年鉴上，蔬菜生产的年产量是一个被低估的数字。

从微观层面上看，造成蔬菜丰产的原因是代耕菜农对自身劳动肉体以及对土地的双重"压榨"。为了在有限的时间和空间里获得更多的收入，代耕菜农将自己锁闭在几亩土地之中，每天工作十几个小时，投入大量的劳动能量。同时，意识到自己不久后将可能因各种原因流动到其他地方耕作，他们会尽可能地"压榨"土地的肥力，并且不注重土地的可持续性耕作，造成土地肥力耗竭的后果。但从宏观层面来说，造成菜农对自身以及对土地进行双重压榨的根源，在于工业化、城市化环境中耕作的不稳定性。此外，面对资本、权力与地方势力的支配，代耕菜农只能节节退缩。他们的社会地位极其边缘，面临完全不如以往的土地、自然生态与社会环境。其中的根源，就在于从农业社会到工业社会的全面转换。

参考文献：

[美]赫伯特·马尔库塞:《单向度的人——发达工业社会意识形态研究》，刘继译，上海译文出版社，2006。

[美]詹姆斯·斯科特:《国家的视角》，王晓毅译，社会科学文献出版社，2004。

黄志辉:《自我生产政体："代耕农"及其"近阈限式耕作"》,《开放时代》2010 年第 12 期。

黄志辉:《珠三角代耕菜农：参与世界生产体系》,《中国社会科学报》2011 年总第 153 期。

珠三角与京郊的自我生产政体：被忽视的自雇式代耕农 [①]

黄志辉

一、从"工厂政体"到"自我生产政体"

在被比喻为"世界工厂"的各类中国工地上，有关马克思主义劳动过程理论的研究运用可谓如火如荼。由社会学家布洛维（Burawoy，1979&1985）提出的"工厂政体"（Factory Regime）概念，不仅得到了美国学者的热烈响应（如 Lee，1998；Parrenas，2001），在中国一样非同凡响。无论是对工厂中的农民工进行工厂民族志的研究（Pun，2005），还是针对建筑工地（沈原，2007；潘毅、卢晖临等，2010）、酒店服

---

① 本文主要内容基于作者2013年在《青年研究》期刊上发表的文章《自我生产政体：被忽视的劳动形态——来自城郊农地与建筑工地的两类中国经验》，收入本书后内容有改动。

务业（何明洁，2009）以及其他劳动场域的劳工研究（万向东，2012；黄志辉，2011&2010；闻翔、周潇，2007；戴伯芬，1994；谢国雄，1993），都取得了不菲的成绩。以往这些研究，不但关注劳动场域中的劳动关系——包括雇主与工人的关系和工人之间的关系，还细微入里地关注劳动现场、劳动过程乃至基本的劳动姿态，并加入了族群、区域以及女性等视角。沈原甚至指出在建筑工地的包工制中，传统亲缘关系被资本主义生产体系所借用，成为转化劳动价值的"关系霸权"。（沈原，2007）民族志的深描手法与社会学的人文关怀紧密地结合在一起，推动中国的劳动过程研究迈向纵深。

然而，源于马克思、发展于布雷弗曼以及兴起于布洛维等人构建起来的劳动过程理论系谱，在中国工地的实际运用中存在重大缺漏，即现实关照和经验概括极不全面，欧美的经验类型研究与中国并不对应。无论以往的西方研究还是中国研究，都只聚焦于在劳资关系、雇佣关系之下的劳动工人，遗漏了许多没有具体劳资关系却仍然直接服务于世界资本主义生产体系的劳动群体。布洛维的"工厂政体"概念，在经验层面所关注的劳动过程、劳动力再生产、市场竞争以及国家干预等四个层面，其分析对象都是直接在资本主义生产的专制与霸权体制下劳动的工人。但在中国，所谓的"世界工厂"和高速运转的大都市，不可能将所有下岗职工、流动农民工等群体全部安排在工业生产的流水线上、建筑工地的包工制下、酒店以及各种服务业的管理体系中。还有许多工人散落分布在工厂之外与都市中的其他劳动场域里，他们仅凭自己的身体和劳动，没有资本家及其代理人的监督，一样投身于各种劳动场所中。他们的类型多种多样，例如：流动摊贩、拾荒者、摩托车载客者、街头各种零工、各式脚力搬运工、城郊代耕菜农、流动的"站街女"等等。此外，一个具体的工人可能在其人生不同阶段，既被雇佣为劳工，也可能是自雇就业者，甚至还可能雇佣他人。所以，我们需要新的概念去修正、补充以往的劳动过程理论。

我们将以往此类研究遗漏的劳动群体及其从事的自雇式劳动形态，称作"自我生产政体"（Self-Production Regime）。① 所谓"自我生产政体"，是指仅仅依靠自身或家庭成员的劳动力，没有劳资关系，没有雇佣关系，不在雇主或政府的监督之下，通过购买简单的生产工具进行劳动，直接服务于资本主义生产体系、城市市场体系的一种生产形态。我们曾经在《开放时代》刊物上初步提出过这一概念。（黄志辉，2010）

---

① 布洛维所谓的"政体"概念，并不是一种抽象的政治形态，而是通过制度、劳资关系、劳动力市场分配等因素形成的一种霸权式劳动形态。所谓的"自我生产政体"，也是指向那种具体的、在制度和劳资关系上貌似独立的劳动形态。

之所以提出并强调"自我生产政体"这样一个概念，是因为我们认为以往的劳动过程理论对中国工人的经验研究不够全面。不管是在布洛维之前还是之后的研究，对劳动过程的关注概莫能脱离"劳资关系"的框架，"工厂政体"的研究框架容易忽视那些自雇式就业的劳工。这个旧框架似乎有个隐含的前提：劳动者只有直接或间接面对资本家或其代理人时，才会受到盘剥、才会接受"同意"、才会激起或消弭他们的主体性。而在当前中国的城市之中、工厂之外存在着许多自雇式的、进行"自我生产"的劳工，他们没有直接面对侵临他们的资本家及其代理人，那么这种劳动者的劳动价值是否就不会受到转移，就不会"同意"沃勒斯坦所说的更大范围的"世界体系"的压榨吗？这只是问题之一。其二，作为没有具体劳资关系的"自我生产政体"，与"工厂政体""包工关系"体制之间有何关系？这是值得注意的结构式问题。其三，在我们所关注的这些微型"政体"之中，能否发现布洛维研究"工厂政体"时所领悟的"微观社会的宏观基础"——即国家与市场对"自我生产政体"如何作用？更进一步的问题是，这种微型政体究竟是底层劳动者的自我创造和展现智慧的实践空间，还是权力与资本的权宜之计？

对这些问题的探讨，首先需要深入描述自我生产形态的劳动过程与劳动现场，捕捉劳动者的微观特征；其次需要分析宏观上的市场体系与国家、地方权力如何作用于这种微型"政体"，并勾勒出这种微型"政体"与"工厂政体""包工体制"的关系。我们认为，只有将这种被以往马克思主义劳动理论研究忽略的劳动形态带回到劳工研究领域，才能与以往研究一起共同呈现当前"世界工厂"的整体图景。

关于马克思主义劳动过程的研究梳理，已有人做过许多工作。（李洁，2005；游正林，2006；闻翔、周潇，2007；何明洁，2009）在这里我们仅仅重提一下布雷弗曼与布洛维的研究，前者重新将马克思主义劳动过程理论推向劳工研究的核心位置，后者则是 20 世纪 80 年代在劳工研究领域的大家。

在《劳动与垄断资本：二十世纪中劳动的退化》一书中，布雷弗曼指出资本主义进入到垄断阶段之后，工人仅仅变成了"执行"既定劳动程序的机械体，劳动过程进入了"去技术化"的阶段。布雷弗曼似乎无限留恋过去作坊式生产过程中的全能工人，他们自主性强，能够有意识地主导劳动过程，不像垄断阶段的工人被严重"异化"，埋下了劳资纠纷的隐患。然而很多研究者认为，这种观点并没有完全揭示出资本运作过程导致的真正结果，似乎仅仅是生产线、机器、生产空间等"物"的东西导致了工人的异化，工人的主体意识没有得到重视。另外，即使是在我们的"自我生产政体"中，劳动者们确实复原了他们在小作坊时代的全能劳动者形态——劳动过程与劳动安排由他们自己负责。不过这仅仅是一种表象，读者将会在我们呈现的、来自城郊的代耕农经验现象里看到，虽然他们表面上在自主地安排劳动过程，但是实质上处处受到某种无形之手的掣肘。

布洛维在《制造同意》与《生产政治》两本著作中将劳动过程理论推向了高潮。布洛维首先区分了两种劳动生产形态。一种是劳动者为了自身的再生产而完全依赖资方的劳动形态——这是"专制政体"，靠"强制"实现剩余价值的生产，是布雷弗曼所说的垄断时代的主要生产形态。而另一种则是需要通过"赶工游戏""内部劳动力市场"和"内部国家"来制造"同意"或"共识"的劳动形态，称之为"霸权政体"。在《生产政治》一书中，布洛维将后者称之为"工厂政体"。布洛维认为，"工厂政体"受劳动过程、市场竞争、劳动力再生产和国家干预四个因素影响，它们的共同作用形塑了工人斗争的方式和能力，而后者对劳动过程和"工厂政体"又会形成反作用。这些研究结论，源于他的初始问题："工人为何会如此努力地劳动？"在这里，虽然布洛维关照了劳动过程中工人的主体意识，但是他认为"工人在进入劳动过程之前所具有的主体性身份和意识不会对劳动过程产生影响"的看法为许多后来的研究者所诟病。而我们更感兴趣的问题是，那些没有在劳资关系之荫下劳动、没有直接面对资方的"自我生产政体"的工人，为何会如此卖命地进行工作？

本文的目的，便是以一个当代中国案例即北京郊区和珠三角的代耕农群体作为依托，去回应上述所提出的问题。我们的研究对象是改革开放后大量出现于城市郊区的代耕菜农，他们可谓当下中国的农业工人，直接服务于工业生产体系或都市市场体系，但是没有雇主。对代耕农案例的描述资料均来自我们的田野调查。

二、珠三角与北京城郊农业圈中的代耕菜农

近年来中国城市化的速度令人瞩目，尤其是在东部，城市人口剧增。与此同时，在都市周围一种新的现象悄然产生：都市代耕农业圈。所谓都市代耕农业圈，是指在大城市郊区的环状农用土地带，本地农民将土地租给外来农民种植蔬菜、瓜果，供应给附近工厂、城市的一种现象。由于城里人每天都需要新鲜的蔬菜（如葱、蒜苗、青菜等），而远距离供应的蔬菜有其自身限制：一是成本高，二是不够新鲜，加上在城市周边种菜比在偏远农村务农的收入要高，所以吸引了许多外地农民到城郊农田中去"打工"。这些种植蔬菜瓜果的农民，我们一般称之为代耕菜农，也简称代耕农。（黄志辉，2010）

在珠三角的广州、深圳、东莞、中山等地，代耕菜农环城、环区、环镇分布，他们一般是来自广西、湖南、四川以及广东贫困农村地区的农民；在长三角尤其是上海郊区，来自苏北、安徽、江西等地的农民密密麻麻地耕种于郊区土地上；而目前（2011 年 11 月）在北京大兴、密云、房山、通州等郊区，来自山东、河南的农民正在忙于搭建蔬菜大棚，以应付冬天的耕作。这些代耕菜农在整个东部地区的总数，粗略估计也在百万以上，而珠三角地区代耕菜农数量在二十万以上。（黄志辉，2011）

在珠三角与北京郊区的代耕菜农群体中，普遍是由一对夫妻承租一块土地进行耕作，土地面积大多在 4 亩左右。耕作初期，外来菜农与当地村委协商土地出租价格（少数由当地农民承包后转租给外来菜农）。各地区每亩每年租金不同，视土地与销售市场的远近、土地肥力等级而定。2011 年底之前，北京大兴区每亩价格大多在 1500—2000 元之间；而在珠三角地区的广州、东莞、深圳等地则是 1500 元左右，其他几个市在 1000 元以内。签订租地合同之后，菜农与当地人基本上没有来往，偶尔因供水供电问题与本地村委有所接触。耕作成本和收入在各地有所不同。例如，在广东中山的郊区，一对夫妻菜农租上 3—4 亩的土地，加上搭建居住的棚户，购买农具、种子、化肥等成本，4 年租期的成本大概是在 5 万至 7 万元，每年的纯收入平均在 3 万至 5 万元；在北京大兴的菜农耕作同样规模、同样租期的土地，4 年租期内的成本大概在 6 万至 8 万元之间，每年的纯收入大概在 4 万至 7 万元左右。

菜农们认为，虽然在外种菜，但是与工厂、酒店、建筑工地等所谓"工厂政体"或"包工体制"下的劳动者一样，他们也是"在外打工"。他们耕作的方式完全不同于传统的小农耕作——在家里种菜他们称之为"干农活"，而在城郊种菜则是"打工"。并且，他们的劳动产品几乎全部供应给都市、工厂，完全可以将他们看成是为"世界工厂"打工的农业工人。同时，大部分菜农是通过自己购买简单的生产工具，以自身为主要劳动力，属于没有劳资关系的劳动类型，符合我们所说的"自我生产政体"之定义。按照本文伊始的叙述，我们将从以下三点去呼应本文提出的一些问题。第一，菜农在某种程度上复原了作坊式的生产，但其在劳动过程中"卖命工作"的程度丝毫不亚于"工厂政体"中的工人。我们将证明：代耕菜农从事的自我生产是一种表面独立的劳动形态，菜农自己设置劳动过程并进行自我实践，极大化地压榨自己的"活劳动"能量。第二，虽然菜农没有劳资关系，但其劳动过程与产品销售却受"工厂政体"或更大范围的世界性体系所束缚。也就是说，菜农和"自我生产政体"及"工厂政体"中的劳动者一样，是"霸权"制造"同意"的对象。第三，他们权益经常受到损害却不能像劳资关系下的工人那样找到"资方"维权，而只能自己默默承担。

对第一点的证明，我们只需要进入菜农的劳动现场与劳动过程，就能发现这种生产形态中不同一般的"隐秘"。在菜农的劳动现场，一块 4 亩见方的土地，一般要被分为十几类甚至几十个小类，种植着不同类型、不同生产阶段的蔬菜——从这种蔬菜王国的精密化生产中，我们似乎可以看见舒尔茨（Schultz，1963）所说的"农民企业家"的影子，或想起波普金（Popkin，1979）说的"理性的小农"之形象。多样化、精密化的农业生产是为了规避风险、赢得更多收益，但其代价是夫妻劳动力的无限内卷——两人必须贡献其全部劳动能力，才能支撑起小小"蔬菜生产王国"的运转。不论是我们在珠三角地区的中山市、广州市城郊农田的调查，还是在北京市大兴区农地中的调查，都显示这些菜农每天的劳动时间在 15 个小时左右。他们一年四季似乎只在三个地方出现：土地、蔬菜批发销售市场、棚户。剧烈的、高强度的农业耕作导致他们基本没有时间进行社会交往。即使是棚户旁边还有另外一户老乡搭建的棚户，他们也很少去串门聊天。在珠三角的五月份至十一月份，菜农凌晨两点就要起床劳动，一方面是为了保持蔬菜新鲜，卖个好价钱，另外一方面则是为了与周边工厂的作息时间契合起来。因为工厂食堂早上 6 点就要开始为农民工做饭，所以菜农最好在此之前将蔬菜顺利卖给工厂（这一点笔者稍后还会强调）。此外，如果更加深入到劳动现场进行观察，你会发现代耕菜农的工作是极其苦累的。2009 年至 2010 年末，我们在珠三角的田野观察中发现，不同于传统农业耕作，代耕菜农的劳动姿态是每天长时间处于"低位"的，即以下蹲和弯腰为主。尤其是种植叶菜的菜农，由于植株低矮，劳动技术要求较高，很多诸如分垄、埋种、撒药、拔草、收割等工作，都是蹲着进行的。总之，菜农要维持自身生产的不间断性，就必须高密度地投入自身的"活劳动"，让"自我生产政体"一年四季运转下去。

对第二点的证明仅仅需要稍稍放宽一点眼界，就能在这样小四方的农场中看见宏观资本对劳动者身体的控制程度。菜农要顺利获得收益，必须完成两次交换。第一次是他们与土地的交换，前文已经证明菜农在其劳动场域中通过压榨自己，可以不断地用"活劳动"向土地交换"农产品"。但是第二次用劳动产品向市场交换货币时，菜农就身不由己了。尤其涉及土地及地租、市场及销售、土地使用权的稳定性等问题时，菜农更是无能为力。他们受到了布洛维所说的宏观体系或沃勒斯坦所说的"世界体系"的控制。在珠三角的田野调查中，我们至少基于以下五个原因得出"霸权"的结论。

其一，代耕菜农群体中本来就有一大部分是从工厂中被淘汰出来的（我们在中山市里溪村调查的 84 户菜农，其中 41 户至少有 1 个劳动力曾有在工厂打工的经历，11 户有在工厂外务工的经历）。他们租地种菜卖给农民工群体，仍然主要是为工厂服务。也就是说，"自我生产政体"既可以看成是"工厂政体"的延续或并列式的生产形态，也可以看作是"工厂政体"的"卫星政体"。其二，从根源上说，菜农耕作土地的地租价格是由工业与市场的兴衰决定的。在 2008 年金融危机之前，珠三角租地价格一路飙涨；危机爆发后至 2010 年，地租下降许多。2007 年底，在中山市里溪村第四村民小组，还有三十多亩土地没有出租，有菜农寻上门来出价 1000 元一亩，本地人都没有放租土地。而到了 2009 年春，由于里溪村及附近村镇中工厂大量倒闭、工人返乡，蔬菜卖不出去，本地人将那三十多亩土地的年租价格降至 800 元，仍然没有菜农接手。而在北京大兴区，由于房地产市场不断膨胀，一方面加大了菜农租地的难度，另一方面催涨了租金。在 2011 年前，北京大兴区桂村的土地租金不会超过 1800 元一亩，而到了 2012 年，桂村重新签约出租的土地租金均在 2000 元以上。这是因为桂村以北的北京南五环附近基本没有农用地，大量菜农南迁导致地租上涨。其三，蔬菜的销售与当地工人、流动人口数量的多少呈正比关系。本地人的蔬菜需求有限且稳定，主要的销售对象是流动人口，而流动人口主要是农民工。农民工数量的多少由当地的工业、产业规模决定。其四，劳动现场的布置和劳动过程的安排也受市场总体调控的影响。如菜农的多样化安排实际上是为了规避市场风险和大众的多样化需求。在珠三角的中山市等地，菜农凌晨起床劳动不仅是为了保持蔬菜新鲜，而且是为了呼应工厂中的食宿体制安排，要赶在工厂开饭前将菜卖出去。而在北京大兴区，菜农早早起床劳动也是为了能够赶上饭店、食堂、市民上午的买菜高峰期。其五，土地耕作极其不稳定。在中山、东莞、珠海等珠三角地区，菜农经常是流动地耕作，许多不到租期的菜农经常换地方。这不是因为菜农不愿意按期耕作，而是因为大面积的工业征地现象经常导致他们无条件离开。综合以上五点，完全可以证明，菜农建构的"自我生产政体"是被大范围的工业体系与市场所隐形控制着。

证明第三点要引入结构的视角。在城郊农地上，工业资本力量、地方政府、本地势力、农民工等角色群体构成了都市农业圈中的支配结构。除农民工群体外，资本、地方势力、基层政府权力都支配着代耕菜农。关于工业资本的支配前面已有论述，在此不赘述了。本地势力作为支配力量，表现在其单方面独断地制定土地租金、在日常生活中对菜农群体的鄙夷、当地混混进入棚户收保护费等方面。当地基层政府的支配虽说不明显，但是其对菜农的漠视、无管制本身就是一种失职。加之一些由天灾导致的损失，菜农得不到任何补偿——如果政府发了农业补助，却经常是由不种田的本地人去冒领。总之，在环城市的"都市农业圈"中，菜农是极度边缘化的群体，受到来自多重支配力量的夹击。（黄志辉，2011）并且，不像"工厂政体"或"关系霸权"下的劳工那样，还可以找到维权的对象（虽然维权未必成功），菜农根本无权可维，他们受了委屈或权益受到损害，也多半归咎于"小农的命运"，忍气吞声，权责自负。这里所说的多重支配和无法维权，我们在珠三角和北京郊区均有发现，只是形式稍有不同。

代耕菜农群体的年纪偏大，一般都在四十岁左右。这些菜农年纪偏大的原因主要有两点：一是他们原本就在工厂中打工，由于工厂中规定了用工年龄，超龄者将被淘汰，许多从工厂中出来的农民工又不想即刻返回家乡，便在城郊找了份务农的工作；二是一些从老家出来的农民本身年龄大，加上没有除务农以外的其他劳动技术，便选择在城郊种菜——做不成"农民工"，便做了"农民农"。当然，也有不少人认为工厂工作"太不自由"，愿意从事耕地这样比较自由的职业。这几点说明，在"工厂政体"与"自我生产政体"两种劳动形态之间存在着某种意义上的分工。一方面，对于一个"活

劳动"一辈子的劳动经历来说，前者截取了该"活劳动"最
年富力强的阶段，而将劳动精力衰退的劳动者留给后者；另
一方面，从具有主体意识的劳动者的角度来说，他们会因为
对劳动过程的自由度的体验不同，而选择不同的"政体"。逃
离工厂，是因为这种"政体"束缚太紧，极不自由。

三、结论

　　上述案例，说明当下中国存在各种各样的劳动形态。马
克思主义劳动过程理论在中国，必定面临"经验的冒险"，遭
遇各种多样性与复杂性的经验检验。至少在那些具有明确劳
资关系的劳动力市场内外，还存在一种可以称之为"自我生
产政体"的劳动方式。在上述城郊农用土地和代耕农的案例
中，我们可以发现这种"自我生产政体"的影子及其内在的
运行机制。而这种生产形态，几乎是被以往马克思主义劳工
过程研究领域的学者忽略了。从我们调查的珠三角和北京郊
区的菜农群体中，可以对"自我生产政体"的形态特征进行
总结分析。总的来说，来自城郊农地和建筑工地的案例都表
明，"自我生产政体"有以下特征：第一，受控于更大、更长
链条的生产形态；第二，其中的劳工处于社会的边缘；第三，

劳工可能会在各种劳动形态之间游离；第四，高强度的"活劳动"能量释放；第五，进行"隐秘"的、不受保障的生产，且难以维权。

第一是"自我生产政体"受整个资本市场体系的调控。经验材料能够证明，所谓"自我生产政体"的"自我性"或曰"独立性"，只是一种表面现象。城郊的代耕菜农，其对劳动现场以及劳动过程的安排，尤其是对农产品的销售、价格与对土地的支配，都是由整个工业市场说了算，"自我生产政体"中的劳工没有发言权。由此可以看出，整个市场体系已经在"世界工厂"中形成了一种指挥棒式的权力，波兰尼（2007）在《大转折》中的预言似乎也有所应验：自由调节的市场脱嵌出社会体系，并反控了后者。所以，布雷弗曼所说的"设计"劳动和"执行"劳动的主体分离将造成新一轮劳资对立的预言，看来需要用悲观的眼光去审视。布雷弗曼这一观点的错误不唯独在于布洛维所说的，资本家通过"工厂政体"制造了"同意"以消解劳动现场的硝烟，而且，从"自我生产政体"之中我们可以看出，资本家并不需要从所有的"活劳动"那里夺取对劳动过程的设计权，对于那些依附于工厂的"活劳动"，他们仅仅需要把住对交接劳动产品的"阀门"即可。只要"自我生产政体"没有和各种资本进行协商、谈判的权力，资本就会将"概念"权和"执行"权一并交给劳动者——因为他们不仅构不成威胁，而且还牢牢地被隐性控制，服务于世界工厂的主体——"工厂政体"或"霸权"式的劳资关系生产制度。同样，巴贝奇（Babbage，1963）所说的著名现代劳动管理格言，"能够完成全过程的劳动力，作为各种分离的成分来购买时，要比作为一个工人的全部能力来购买时便宜"，这一原理的正确性也需要视不同情况而定：它只适用那些直接面对资本家及其代理人的劳工，并不适用自我生产的劳工。

第二，从事自我生产的自雇式劳工处于社会结构边缘。我们已经表明，自我生产的劳动者自己购买劳动工具，凭借自己的"活劳动"去生产劳动产品。他们没有时间休闲、社交，在某种程度上产生了一种自我边缘化。更重要的是，从事自我生产的劳动内容一般都是比较辛苦、劳累、无保障的工种，如街头的零工、拾荒者、城郊代耕菜农，一般都是被当地农民或城里人所鄙夷的工作。在我们调查中山市代耕菜农的过程中，经常可以看到本地人对菜农破口大骂——菜农喷打的农药、堆积的农肥散发的臭味会飘至他们的口鼻之中。在很多城市中的自发性劳动现场，工人经常不戴口罩（"工厂政体"中或许还发口罩，但自我生产的劳动为了省钱、省时，自己不买口罩），淹没在水泥沙灰之中。总的来说，自我生产形态中的劳工虽然有很大程度上的"劳动自由"，但是其社会位置是极其边缘化的。

第三，劳动者在"工厂政体"和"自我生产政体"中的游移、转换。在对代耕菜农的分析中我们可以看到，许多菜农是因为在工厂中年纪大了，被工厂体制所淘汰，然后在工厂周边选择种田继续服务于世界工厂。但除此之外，也有许多人觉得在工厂中劳动不自由，他们是因为不愿意受监管才选择貌似自由的职业的。这种从工厂到厂外的职业转换本身就能够说明"工厂政体"的残酷性。另外，还有一些例外是从"自我生产政体"中转移到"工厂政体"，或"包工体制"中去的流动劳工。例如，在城郊的代耕菜农中，也有一部分是比较年轻的菜农，他们原本在工厂中劳动，但生育后工厂的宿舍体制不允许带孩子上班，所以他们带着婴幼儿在棚户下劳动生活，等孩子长大一些后他们很可能再次返厂。所以说，不同生产形态之间的边界非常不清晰，劳工有时候接受正规经济的监督和管辖，有时候又进入到非正规经济领域中从事非正式的自我生产。正式与非正式之间实质上没有界限，他们互相补充。在大多数的时候，非正式的领域是正式领域有意让渡出来的劳动空间，可以省却许多管理成本，同时又可以利用非正式就业者为其服务。（万向东，2008；卡斯特、波特斯，1989）

第四，高强度的"活劳动"能量释放。传统的作坊式劳动形态，由于其市场比较固定，劳动产品的交换量也相对固定，所以作坊中的劳动者只要按照计划生产。但是，在资本主义市场体系中的自我生产劳工，很难有稳定性可言。他们需要完成两次交换，第一次是用"活劳动"去和生产资料交换出农产品，第二次是和整个市场交换。由于投入了生产成本（生产工具和时间等），他们就必须尽最大可能向市场交换货币，这其中唯一能够保证的就是尽量释放自己的劳动能量。为了赚回成本、赢得收益，自我生产的劳工将自己禁锢在自建的劳动王国中，进行高强度的劳动。这是他们为何让自己和自己进行赶工竞赛的原因。布洛维等人所看到的工厂中的工人"为何如此卖命地工作"，是因为"工厂政体"对劳动过程之间施加的影响，工人们要竞争、要面对工头，就要努力劳动；而在"自我生产政体"中，劳动者进行了自我监督，这一方面是其自身有意的赚钱行为，另一方面更是"霸权"进行隐性调配的后果。在代耕菜农那里，劳动不分白天黑夜，他们夜晚进行劳动并不是自己所愿，而是为了迎合市场需求。

第五，无保障的自我生产者及其弱者武器的失效。本文所说的"自我生产政体"，是没有与谁签订劳动合同，也没有明确劳资关系的劳动形态。虽然诸如街头零工，棒棒或苦力，零散建筑工人或流动摊贩，可能会与劳动服务对象产生一个简单的交换（购买劳动产品或直接购买劳动），但是这种交换是临时的，没有法律保障的意义。一些交易也是一个愿打一个愿挨。更为残酷的是，这种没有保障的工作还要面临整个市场体系的排挤、借用乃至压榨，同时，一旦权益受损，无法维权。因为"自我生产政体"中的劳动者，不像在"工厂政体""包工关系"体制中那样有直接面对的资方，可以有针对性地进行权益维护行动。在"自我生产政体"中，甚至很难看到斯科特所说的"弱者的武器"（斯科特，2007），因为这其中的弱者，找不到固定的、可以实施诽谤的、偷懒的、开小差的对象。如果他们在自己建立的劳动场域开小差、偷懒，直接损害的是他们自己的利益。相反，他们需要自己监督自己，上紧发条，不断劳动。

上述便是"自我生产政体"这一劳动形态的主要特征，这些概括与总结可以回应本文伊始提出的一些问题。首先，在自我生产者的劳动现场与劳动过程中，我们发现劳动者卖力的程度不亚于"工厂政体""包工体制"下的劳工。虽然在这种微型生产形态中，鲜见布洛维所说的"内部劳动力市场"——由一至两个劳动力构成的生产形态谈不上存在什么等级流动体制，但是菜农与菜农、摊贩与摊贩、散工与散工之间构成了一种竞争关系，他们为了顺利实现第二次交换，即劳动产品与市场的交换，必须首先让自己全面卷入进自身构建的劳动王国中去，生产出上乘的产品。其次，从类型学上来说，"自我生产政体"是"工厂政体""包工体制"的一种并列类型，但实质上由于后两种生产形态不仅是资本的大本营，也能得到国家的正规监督与支持，"自我生产政体"则陷入非正式、非政府的无政府状态，必须在"工厂政体"以及"包工体制"的缝隙之间游离。一旦正规体制的边界发生变动，"自我生产政体"的生存空间便会被搅乱，例如征地导致菜农撤离、街道拆迁整顿驱逐小贩、国家出台相关政策规定不得使用建筑散工等等。所以"自我生产政体"与"工厂政体"之间是一种"不平等的并列关系"。最后，我们可以看到，在整个世界性的生产链条中，"自我生产政体"位于链条的底端，而那些具有劳资关系的劳动形态则在"自我生产政体"的上游。上游、顶端的任何波动对处于底端的自我生产者来说都是影响巨大的。菜农要实现与市场的交换，其供需阀门掌握在更大范围的市场体系手中。一个明显的例子是2008年底的金融危机，首先导致珠三角的大量工厂倒闭，大量工人返乡，最后使得菜农的蔬菜难以销售、工厂周边摊贩生意下滑、摩托车载客者的收入也随之下降。

吊诡的是，"自我生产政体"在依附工厂、都市并被其控制的同时，"工厂政体""包工体制"也在借用"自我生产政体"。例如，工厂需要蔬菜，需要摩托车接送农民工到其出租房，需要小摊贩为其员工提供零食夜宵；再如，建筑企业在市场行情看好的时候需要从"自我生产政体"那里补充劳动力，后者变成了前者的劳动蓄水池。更为重要的是，这种"借用"不需要付出额外成本，只需要在"工厂政体"之外，留出一定的空间让"自我生产政体"生存下去，"借用"这种劳动使用方式，便可被信手拈来（由此我们也可以质疑这种自我生产的空间究竟是不是劳动者自己创造的）。所以，从某种程度上看，"自我生产政体"又属于"工厂政体""包工体制"的"卫星政体"。

总之，"自我生产政体"是一只麻雀，对涉及与其相关的领域的分析才刚刚开始。我们提出并强调这个概念，不在于揭示一种经验上的发现，而在于对整个世界性生产体系的批判、在于对整个中国劳动形态的全面审视、在于对当下各种劳动本质的深入分析——如果有可能，还需要进一步加入国家变量来进行更为全面地分析。布洛维的"工厂政体"及后续的"关系霸权"等系列概念，在于其能够加入国家干预、市场竞争甚至是殖民国家的殖民主义管理策略，去透视劳资关系视野下的劳动现场。而对从事自我生产的劳工的研究，不仅可以看到上述微观"政体"上的宏观投影，更能够在这只微型麻雀里知晓另一类劳动者在生产、销售、再生产过程中的具体面貌，并反省整个国家中的劳动生产体系。

参考文献：

[英]波兰尼：《大转型：我们时代的政治与经济起源》，冯钢、刘阳译，浙江人民出版社，2007。

[美]布雷弗曼：《劳动与垄断资本：二十世纪中劳动的退化》，方生等译，商务印书馆，1979。

戴伯芬：《谁做摊贩？台湾摊贩的历史形构》，《台湾社会研究季刊》1994年第17期。

何明洁：《劳动与姐妹分化——"和记"生产政体个案研究》，《社会学研究》2009年第2期。

黄志辉：《卷入与多重支配——珠三角离乡不离土的代耕农》，博士学位论文，中山大学，2011。

黄志辉、麻国庆：《无"法"维权与成员资格——多重支配下的"代耕农"》，《中国农业大学学报》2011年第1期。

黄志辉：《自我生产政体："代耕农"及其"近阈限式耕作"》，《开放时代》2010年第12期。

[美]卡斯特、[美]波特斯，《底层的世界：非正式经济的起源、动力与影响》，1989，夏铸九、王志弘译，载《空间的文化形式与社会理论读本》，明文书局，1994，第333—366页。

李洁：《重返生产的核心——基于劳动过程理论的发展脉络阅读〈生产政治〉》，《社会学研究》2005年第5期。

潘毅、卢晖临、张慧鹏：《大工地：城市建筑工人的生存图景》，北京大学出版社，2010。

沈原：《"制度的形同质异"与社会团体的发育》，载《市场、阶级与社会》，社会科学文献出版社，2007。

[美]詹姆斯·斯科特：《弱者的武器：农民反抗的日常形式》，何江穗、张敏、郑广怀译，译林出版社，2007。

万向东：《农民工非正式就业的进入条件与效果》，《管理世界》2008年第1期。

万向东：《非正式自雇就业农民工的社会网络特征与差异》，《学术研究》2012年第12期。

闻翔、周潇：《西方劳动过程理论与中国经验：一个批判性的述评》，《中国社会科学》2007年第3期。

游正林：《管理控制与工人抗争》，《社会学研究》2006年第4期。

谢国雄：《事头、头家与立业基之活化：台湾小型制造单位创立及存活过程之研究》，《台湾社会研究季刊》1993年第15期。

Michael Burawoy, *The Politics of Production : Factory Regimes Under Capitalism and Socialism* (London : Verso, 1985).

Michael Burawoy, *Manufacturing Consent* (Chicago: The University of Chicago Press, 1979).

Charles Babbage, *On the Economy of Machinery and Manufactures*, 1963.

Lee Ching-Kwan, *Gender and the South China Miracle: Two Worlds of Factory Women* (Berkeley: University of California Press,1998).

Rhacel Parrenas, *Servants of Globalization* (Stanford University Press, 2001).

Samuel L. Popkin, *The Rational Peasant: the Political Economy Rural Society in Vietnam* (Berkeley: University of California Press, 1979).

Pun Ngai, *Made in China: Women Factory Workers in a Global Workplace* (Durham and Hong Kong: Duke University Press and Hong Kong University Press, 2005).

T.W. Schultz, *Transforming Traditional Agriculture* (New Haven:Yale University Press, 1963).

双重边缘性与个体化策略：
关于代耕农的生存故事[①]

黄晓星　徐盈艳

在学术界认为沿海等发达地区的村落和农民正在现代化进程中走向终结之时[②]，在大都市（广州、深圳等）及部分中小城市（中山、江门）的周边却出现了这样一群人——他们在马路边的田地里搭棚居住，采用传统的农业用具和种植方式，依靠土地的产出来维持家庭的开支，他们被称为"代耕农"。他们可能来自不同的地方，却因生存居住在一起；他们之间相互熟识、相互帮忙，一定程度上形成了代耕农社区；

①　本文曾发表于《开放时代》2010年第5期，收录入本书后调整了文献引用格式。作者黄晓星，中山大学社会学系；徐盈艳，广东外语外贸大学社会与公共管理学院。

②　农民的终结原意指在传统的农业向现代化农业迈进的过程中，农民转变为农业工作者；在这里主要指农村户口向城市户口的变化，农民的身份在城市中逐渐消失。参见陆学艺（2002&1992）、李培林（2004）等人的研究。

他们是外来工，却依靠传统的种植方式养家糊口；他们居住在简陋的大棚中，家家户户砍柴烧水；他们是农民，却又离开故土来到陌生的城市边缘，以种菜、卖菜为生。这个群体展现了农民进入城市的另一条途径，却在地理空间、社会空间上都处于被排斥的位置。在学术界，对农民的研究主要集中在本地农民、流动农民、农民工等主题上，却未能将代耕农群体纳入其中，这凸显了对这个交叉群体进行研究的紧迫性。本文希望通过研究代耕农群体在应对制度与市场的双重边缘性时采取的生存策略，唤起学界对代耕农群体的关注。

我们于 2008 年 6 月进入北山村、南山村 [①]，之所以选择这两个代耕农社区，是因为这两个社区的代耕农耕种作物、聚集方式都有很大不同，处于不同的发展阶段。我们选择代耕农种菜、卖菜与村集体征地这三个故事，将之作为反映代耕农生存方式的典型事例，这三个故事也集中体现了代耕农所处的边缘性及所采取的个体化策略性。在进行田野考察期间，北山村发展稳定，而南山村的代耕农社区却已经在村委的逼迁下消失，不同社区、不同故事却在一个故事脉络之中，体现了制度与市场双重结构挤迫下农民进入城市的艰难。

---

① 这两个村的村民在行政上都已经实现"农转居"（2003 年左右），享受城市居民福利，土地全部收归集体，每年享受集体分红。按照学术惯例，本文中的人名、部分地名采取化名处理。

一、代耕农——农民进城的另外一种途径

学术界对农民进城的考察主要集中在农民工流动方面。中国大陆农村人口向城市流动，是在户籍制度与改革开放以来经济发展所构成的制度背景下发生的独特过程。农民进入城市的渠道主要有以下五种：第一，通过在城市企业中"打工"进入城市；第二，通过在城市的建筑队与装修队工作进入城市；第三，通过在城市中自我雇佣或成为雇主进入城市；第四，"产业—社区"型进入，进入城市中的某个行业以及与血缘、地缘相近的人聚集成社区，如"浙江村"；第五，其他方式，包括进入城市家庭从事"保姆"工作，或从事散工等非正规经济方式进入城市。（王汉生等，1997；项飚，1998）但上述归纳是将焦点集中于那些离开农村进入非农产业的农民，而未对维持原有农业生产的群体进行探究。目前的研究主要集中于农民在原有农村或小乡镇之间的流动上，未对农民进入大城市边缘从事农业工作进行系统阐述，而本文选取的研究对象——代耕农，正是这样一个特殊的群体。

"代耕农"是指放弃了户籍所在地的耕地，到经济相对发达、土地相对肥沃的地区去耕种其他土地的农民。（陈海真，

2006）亦有学者根据私人口头约定或协议租耕部分土地的特征，将他们称为"租耕农"。（申群喜等，2006）至今学术界尚未对代耕农有一个明确完整的定义和相对系统的研究。另一方面，对他们身份的界定存在商榷余地，认为他们既符合农民的定义又不完全符合，既似农民工又非农民工。农民是指占有或部分占有生产资料，靠从事农业劳动为生的人；而农民工则指从农业向非农产业转移的劳动力，是 20 世纪 80年代以来，在中国大陆新出现的一种职业形态。农民工这个概念主要指户籍身份还是农民、还承包土地，但主要从事非农产业工作、以工资为主要收入来源的劳动者。农民工包括两大部分：一部分是在家乡附近乡镇企业工作的"离土不离乡"的农民工；另一部分是离开家乡到外地去打工的农民工，也称"流动民工"。（李培林、李炜，2007）可见，代耕农既跟定义中的农民不符，也未能进入农民工的类型化中，反倒更接近于古代的佃户。[①]但佃户指地主与农民之间的依附关系，其中涉及封建的耕作方式及传统的权力意识形态。1952年"土地改革"以来，这个群体已经消失。不同的结构性情境使我们更需视代耕农为一个特殊的群体，并进行单独地

———————

① "佃"本义为耕种土地，引申义为租种田地，也指古代向地主或官府租种土地，如承佃（旧社会农民被迫向地主租种土地）、佃人（租种官府或地主田地的农民）两个词也指出了这种形态。

分析。

　　既然代耕农不符合上述诸多定义，那么对这个群体做一个界定是有必要的。根据广州市北山村、南山村及周边代耕农集聚区的实地探索和研究，本文将"代耕农"界定如下：代耕农指离开原住地，依附于城市及市场经济，通过租种土地进行农业生产的外来人口。

　　李汉林（2003）认为，农民进城意味着农民朴素角色和身份的转变，农民成为积极的行动者，不断缩短与城里人之间的距离，进而强调了农民世界观的慢慢变化，逐步融入城市的主流社会中，这是农民自身能动性的体现；在结构方面，农民进城能够通过"结构紧张"的方式使都市社会慢慢发生变化，以进一步吸纳外来者。这也是学者们对这种流动做出的比较乐观的判断，新场域在调整吸纳农民，而农民也在努力调整自己的惯习，以使自己适应新的场域。但事实上，农民工并未缩短与城市人的距离，融入主流社会的努力并未有很大成效。如果说农民工还有意愿及行动去争取融入城市主流，代耕农则完全放弃了进入非农产业的机会，转而从事农业生产，去获取自己的生存空间，甚至有一部分人在入厂打工之后又重操旧业，习惯过着与城里人格格不入的生活。对他们来说，城市始终是陌生的。在这种情况下，代耕农进入城市，却在城市的边缘徘徊，一旦城市结构扩张，他们也随着边缘的外扩而进一步外迁。对于社会的不稳定，对于社会结构的改变，他们都是无能为力的。反而，在城市边缘，代耕农聚集地成为一种缓和结构紧张的黏合剂，它非但不会破坏结构，反而是原先城乡二元结构在城市边缘的再生。代耕农集聚地的出现，形成了与大都市截然不同的世界，代耕农通过个体化的策略，使两个世界联系起来。

斯科特（2007）在分析东南亚农民的生存策略时，首先从结构性情境入手，探讨了东南亚农民所面对的殖民主义入侵所带来的农业社会的巨大变化，在这种情境下，农民面临着比以前更大的生存危机，进而采取了一系列适应性的生存策略与反叛策略。这提示我们应将代耕农置于变迁的结构中去考察其生存策略。农民来到城市中，首先面对的是结构性环境的变迁，这是分析流动农民策略性路径的出发点。所以，我们将首先分析在制度（土地产权和户口制度）和市场形塑下，代耕农所处的结构性情境呈现出的双重边缘性，即在地理空间及社会空间上的双重边缘性；在田野调查中，我们深深体会到这种双重边缘性对代耕农的约束。鉴于此，论文的研究路径如图 1 所示。

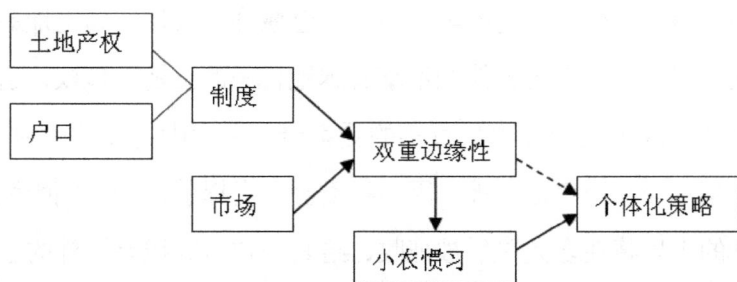

图 1　本文的研究路径

二、制度与市场形塑下的双重边缘性

代耕农进入城市之后，新的结构性情境——主要是制度（土地产权和户口制度）和市场两个方面——对他们形成了极大制约，使他们所处的情境呈现出了双重边缘性的特征。这种双重边缘性既指在制度、市场中的双重边缘性，亦指在地理空间（处于城市边缘）及社会空间（社会排斥）中的双重边缘性。

（一）制度的排斥：土地所有权与户籍

众所周知，城市化的发展必然将农业生产进一步外移。随着广州市经济的发展，城区的面积不断扩大，边线不断向外扩展，对稀缺土地的争夺亦越来越激烈。代耕农离土地最近，但作为外来者，他们不享有本地村民的土地承包权，这使他们成为土地征收最直接的受害者。在南山村和北山村，家家户户都很害怕征地，因为村委会只会提前通知他们所租种的土地将在多久以后被征收，给其一定时间找寻另外的土地及搬家，却不会给予任何经济补偿（包括退回租金，给予青苗补贴费、棚屋损失费等），所有损失都由代耕农承担。一方面，在经济理性的驱动下，村委更愿意将地租给厂商或用于房地产开发；另一方面，代耕农受到户籍制度的影响，总觉得自己对土地只有租用权，没有使用权，所以土地被征收，自己被赶走也是很合理的。南山村的苗大哥一家就刚刚经历了一场征地的经历，他无可奈何地跟我们说：

> 你本来就是租地的嘛，你有什么权力？是这样，人家要征用，你有什么权力跟人家闹纠纷？没有这个必要。如果你有使用权，征收不合理，你是本地的，你跟人家有纠纷就可以……我们又不是本地人，动不过他们的。

在田野调查中，我们听到"地是他们的，他们要赶我们走，我们就得走"之类的话反复出现，土地被征收、自己常迁徙成了代耕农共同的生活经历。土地制度把代耕农完全排斥在了正常的体制保护之外，呈现了与传统村落极其不同的特征。代耕农认为土地是属于本地人的，即使自己租用了他们的土地，但当他们要收回土地的时候，自己没有权利去讨价还价。同时，代耕农觉得自己作为外来者，在政策、人情等方面都没有可争取的空间。

斯科特（2007）在论述东南亚农民的道义经济学时，认为传统村落存在一套网络与机制，或者说是传统形式的保护与被保护、互惠主义的再分配机制，精英与农民之间的关系是一种"保护人与委托人"的关系，他们之间可能存在着一整套具有内在道德力量的特殊的互惠规范与互惠的权力义务标准，这构成了传统农业在较低生产力情形下的基本保障。折晓叶（2008）借用斯科特的公正和互惠理论，提出"韧武器"概念，认为在中国当下的政治社会和经济体制下，当农民面对不确定的生存和保障前景时，会固守一条独特的公正底线——"转换生计，持续保障"。土地集体所有权的合法性及小农土地使用权的合理性机制，使农民可以通过集体合作的方式在抗争中获得一定的成功。但是，在北山村、南山村，当这种"保护性"的土地制度、户籍制度等结构性特征出现差异时，则出现了另外一番光景。

（二）市场的安排

市场化与城市化的逻辑是一致的——符合经济理性的需求。广州中心城区地租昂贵，农贸批发市场大都被安排在城郊。代耕农由于逐利的需求，只能围绕市场生存，上述的市场设置则将他们推向城市地理空间的边缘。

现代农业的发展将会带来传统农民的终结（孟德拉斯，1991），在这个终结的过程中，市场起到了极其重要的作用。而这种市场化的农业给农民带来了很多挑战，在生产和购销的过程中，农民由于市场行情的变化、消费需求转移、经济政策的改变等，或者由于经济管理不善、信息不灵、市场预测错误、产品质量不佳等，很容易遭遇经济损失。

斯科特指出，农业商品化必然会带来现金成本的显著增加，代耕农也面对同样的境况。首先是高额的土地转让费。代耕农每换一次地方，转让费都要高达1万至1.5万元（一般是指三亩多土地，包括一个大棚、日常设施、农药化肥等）。在南山村被强迫搬迁之后，有一户种平菇的代耕农就因付不起高额的转让费而离开。其次是农药化肥价格上涨。2008年下半年化肥的价格是2007年同期的1.5倍。同时，广州周边恶劣的土壤环境也让代耕农头疼，他们只有通过增加有机农药如鸡粪、蘑菇料等的使用来增加土壤的养分，这样一来，一个月在农药化肥上的开支就达到一千多元。最后是购买农业用具。虽然代耕农已尽量减少在农业用具上的开支，但必须的用具更新仍然需要现金的投入。

在产出方面，蔬菜批发市场已不再是小规模的有限的市场，而是有完整市场链条的大市场，这种市场的价格往往独立于本地农民的收成，这使代耕农本身不能决定蔬菜的价格。北山村、南山村的代耕农在凤翔市场将蔬菜批发销售给菜贩，再由菜贩销往广州各区。类似凤翔市场这样的蔬菜批发市场在广州数不胜数，以至于菜价与单个市场的蔬菜数量不能呈现强烈的正相关系。但卖菜却是代耕农唯一的收入来源，因此，他们需承担巨大的市场风险，在市场中处于被动地位。这主要表现在：首先，蔬菜的价格、蔬菜质量的好坏，甚至种什么蔬菜基本上都由市场来决定，代耕农自身不具备议价的资格与能力；其次，蔬菜价格、品种都是根据前一年市场的变化情况来预估的，缺乏其他信息的指导，市场预测的偏差性非常高；再次，2008 年的金融危机也影响到代耕农的收入，2009 年自农历新年以后，菜价较 2008 年同期普遍下跌，代耕农不知道要种什么菜，他们害怕受到金融危机的影响，种了菜之后没有人要。商品化的农业生产使得代耕农无法自主决定生产什么，也无法预测结果如何，所以，代耕农的农业生产不再是传统的自给自足的自然经济，他们完全被抛入市场经济之中。市场规训了代耕农，使他们完全服从市场的秩序，这亦是代耕农与传统农民或农民工较大的区别。

综上，制度和市场构成了代耕农所面对的两个最主要的结构性情境，成为他们所处新场域的核心特征。两者相互交织在一起，形成共谋，使代耕农处于双重边缘性之中。

接着，我们将研究点回到个人身上，在结构性的背景下去分析代耕农生存策略的形式、内容及其原因与结果。

三、代耕农的生存故事："弱社区"与个体化策略

以下我们将通过三个发生在不同村庄的代耕农的典型故事（种菜、卖菜、征地和收租），来探讨代耕农的个体化策略。

（一）种菜的故事：传统的复制与"弱社区"的形成

与农民工及其他移民群体等类似，代耕农在迁入机制上亦采取了传统的逻辑（见表 1）。

表 1　代耕农的来源渠道、聚居形式与耕种作物类别

地点	来源渠道	聚居形式	耕种作物类别
北山村	老乡、亲戚	以广西柳州人为主；两户四川人，一户云南人	蔬菜类，以青菜、番薯叶等为主
南山村	老乡、亲戚；自己寻找	较分散，来源地较多	通菜、豆苗、平菇、草莓等
东村	老乡、亲戚带领为主	广西柳州人	蔬菜类，以生菜为主
西村	老乡、亲戚	主要为江西人	蔬菜类，以青菜、番薯叶等为主

　　首先，在来源渠道和聚居形式上，代耕农延续了血缘、地缘的路径。这还体现在耕种作物的类别方面，如广西人、江西人主要种植青菜类，而湖南人较多种植平菇，这主要因为种植每一样作物都需要一定的技术，再加上刚开始由老乡带进来，被带领的人主要沿袭带领人的种植方式及销售模式，这就形成了基于耕种类别的地区差异。其次，熟人关系在土地流转方面发挥了重要作用。原先的代耕农（因为年龄、身体、转行等原因）在退出之前，转让土地的信息一般都通过老乡或邻里传播出去。长此以往，就形成了同质性极强的代耕农社区，同时在这个社区里也形成了邻里间的互惠。

　　这种依靠地缘、血缘发展起来的邻里互惠虽意义显著，但也存在较大局限性。相同来源地的代耕农之间的互助关系使得代耕农社区发生分化，这主要表现在对"外地人"的排斥。在北山村中，来自云南的蔡大哥夫妇就很孤独，因为周围都是柳州人，他们说："这边的人没有人情味，都不会互相帮忙，有什么事情都不知道怎么办。"这是他们最终选择离开的一个很重要的原因。相反，柳州人张大哥则毫不隐讳地评价北山村中的两户四川人家庭："他们是外地人嘛，语言又不通，说的事情也不知道，那就没什么说的了嘛。"由此可见，这种狭隘的邻里关系，在促成老乡之间互惠的同时却没有形成整体的互惠，更没有办法促成他们之间的联合与抗争。与传统村落类似，代耕农社区有以下特征：第一，小农经营，家庭耕作面积小；第二，聚居在田中，以便于合作，譬如盖大棚等；第三，除了卖菜之外，他们很少与外界接触，从而形成了地方性的特点。在这种情况下，他们活动的范围有极大的地域上的限制，生活被隔离了，而各自保持着孤立的社会圈子，这使他们延续了以往的小农意识。以上聚居社区及耕作模式的分析都体现了小农意识的作用，代耕农围绕个人形成了个体化策略，体现了以"己"为中心的逻辑，而其最大后果则是将个人（而非集体）完全置于市场及村集体的双重挤压下。

　　基于这个判断，我们把这种聚居模式称为"弱社区"，这种社区在代耕农进入及维持生产的阶段有一定作用，但面对外来结构压制时，却是极度脆弱的。这种"弱社区"的形成蕴含了传统的逻辑，在城市中再生了传统，以适应代耕农原有的小农意识——依附于土地，以土地为划分依据的小农意识。而村集体对土地的分割也再造了这种分散的生产模式，使他们难以专业化，只是复制了传统的"日出而作、日落而息"的耕作模式。这使代耕农所处的社区与都市区域截然区别开来，表面上自成一体，实质上却是服从于都市生活的安排。

传统的耕作模式虽逆现代农业潮流而动（陶红军、徐华艳，2003；李秉乾，2000），实质上却有极其深刻的结构性根源。双重边缘性带来的极大的不确定性使他们不愿意进一步投入，只部分革新农具，小范围调整农业技术进而改善生产；另外，由于土地分散等客观因素，他们也不可能联合起来提高生产技术。在结构性根源下，代耕农采取了被动的、个体化的生存策略，即对传统的复制。技术的改进能够产生较大收益，但他们不会随便冒风险。笔者在田里跟李大哥一起种菜休息时，他扶着锄头，拍了拍身上的泥土，抽着烟说：

采用大棚种植肯定会好一点，但是我们不是本地人，都不知道种到什么时候，也不知道土地什么时候就会被征收掉，土地一旦被征收掉，你这个投资下去就什么都没有，辛辛苦苦赚的钱这么没了太不好了。一花就是几万块钱，一征收就什么都没了。

另外，农田分散、沟渠遍布是无法采取规模化经营的客观条件。北山村的菜地零零散散地被沟渠给划分了，只剩下一片完整的。传统的复制展示了代耕农在面对双重边缘性时无奈的抉择。在面对新结构情境的核心因素——市场、土地制度时，他们采取了个体化的策略去适应，但同时出现了冲突，甚至是"挣扎"。在适应方面，他们提高自身的劳动强度，提高土地的利用密度，以提高农业生产的产量等；而另一方面，当面对"城市化"（征地）的压力时，"一征收就什么都没了"，则是冲突、"挣扎"的极致体现。这体现了结构性压力的影响，与代耕农群体对传统城乡二元体制的认可。

（二）卖菜的故事：个体化的市场主体

代耕农期望来到大都市能够提高收入，所以面向市场是其一个重要特征。农贸市场往郊区的迁移符合城市化"中心—边缘"的发展思路——通过边缘地带发展农业以支持城市中心的发展。由于本身的逐利性，代耕农环绕农贸市场居住，在交易的过程中被驯服成合格的、边缘化的市场主体。下面的故事就深刻体现了这一点。

凤翔农贸市场是南山村、北山村及周边一带代耕农销售蔬菜的主要市场。卖菜是代耕农获利的唯一途径，走向市场就像等待宣判，判决有可能让他们欣喜万分，也可能让他们沮丧不已。而卖菜整个过程充斥着代耕农与菜贩、市场管理人员的博弈。

凌晨五点左右，大部分代耕农还在田里割菜或准备将菜运往市场，凤翔农贸市场上也只有稀稀疏疏三十来人。但为了抢占有利位置、获得较高的价格，蒙大叔早已经摆好了蔬菜（凌晨两三点收割的）——两筐大白菜与两筐木耳菜，等着菜贩前来购买。卖菜并非一个容易的过程，更何况这是代耕农的唯一收入来源，因此，代耕农会积极与菜贩沟通。蒙大叔看到相熟的菜贩就会急忙将其喊住，询问是否需要蔬菜。当然，菜贩也并不是只有一个熟人，他也在寻求更加价廉物美的蔬菜。在听到蒙大叔的招呼之后，该菜贩便转过来问菜价，同时用手里的手电筒照了一下筐中的大白菜。为了确保代耕农没有弄虚作假（将不好的蔬菜全部夹在筐中间），菜贩会从整筐菜的中间拔出一根来看菜的质量是否过关。如果菜贩觉得菜的质量还可以，双方就会讨价还价。通常菜价与代耕农刚刚所报的价格相差无几，仅在一毛到五毛钱之间浮动。最终，如果双方都对菜价比较满意，这桩生意就成了，如果有一方不满意，则等着下次交易的出现。蒙大叔今天运气不错，与两个菜贩讨价还价之后，就把一筐白菜卖掉了，成交价为六毛钱。双方谈妥之后，菜贩子把整筐菜翻转了一下，让菜斜放着"倒水"。等菜贩子走后，笔者迫不及待地指着菜问蒙大叔："为什么要这样放这些菜呢？"蒙大叔说："翻过来就说明要了嘛，倒水了，如果他不要就要赔钱了。如果他在其他地方问到菜更便宜，他也得按原价钱买我这个菜，这是卖菜的一个行规。"原来，代耕农清晨割完菜装好筐之后，都会将菜扔到菜地旁水沟里面过水，增加菜的重量，菜贩也了解菜农的这一行为，所以在称重之前一定会要求其倒水，当然也就默认生意成交了。

就在我们交谈甚欢的时候，又有一个菜贩过来问蚕菜的价格。"一块七，"大叔回答。为什么刚刚卖一块六，现在又报价一块七呢？大叔说：

> 喊价嘛，如果你不喊价，明天就没有好价钱了。你今天喊一块七，如果明天没什么菜，你就可以卖一块七了，市场里大家都这样，抬高那个市场的价格，让菜贩知道行价就是这样的了。

"喊价"是代耕农应对市场的一种策略，通过"喊价"可以在与菜贩子的互动中争取到较好的利润。但这种争取所能取得的效果却是有限的，菜贩并不会马上买这一家的菜，而是货比三家。同样地，第二天也不会因为前一天代耕农的喊价而提高菜价。

在应对菜贩的时候，代耕农努力提高菜价，但在应对市场管理人员时则努力压低菜价，因为市场管理费依据菜价而定。大概凌晨 5：50 分左右，笔者跟着蒙大叔拉菜去称，只见那称菜的工作人员称完之后标上 3.5 元，这表示这筐菜要收 3.5 元的市场管理费。蒙大叔看了之后比较着急，就跟他理论："这个菜才 5 毛钱（成交 6 毛），一筐菜你就要了 3.5 元，怎么多出 5 毛？"那个工作人员答道："不多出 5 毛，你给 4 块啊，这样就整数了。"听完，蒙大叔也不多说，而是一边拿着纸，一边把菜拉到菜贩子的车旁边了。当然，面对称菜的工作人员，代耕农这种压价策略是为了压低市场管理费，但事实上却未起作用，市场称菜的规则是由市场制定，代耕农只能无奈接受。

也有些代耕农采取了逃避管理费的策略。如罗大哥在家的时候就将菜称好重量，凭着自己与菜贩之间的信任关系，逃过市场管理费这一关。当然，这也是有风险的。一个女代耕农在逃避管理费时被抓了，不仅得照原价交钱，而且还被罚 30 元。所以，如果要逃管理费，在拉菜出市场的时候，一定要借一张称菜的凭证（写着菜名、重量以及市场名称的小纸条），以减少被抓住的风险。

在"喊价"的时候，笔者问蒙大叔："如果菜贩以一块七的价格要你的菜了，那你会把菜卖给他吗？"大叔义正词严地说："不是啊，还是要将菜卖给原先的那一个，说好了嘛，那不能毁约啊，这是行规。"笔者又问："那如果菜贩看到更便宜的菜，会不会不要你的菜啊？"大叔却有点犹豫不决："应该不会吧，应该是会要的，要不市场管理人员也会惩罚他们的，大家都要按规矩办事的。"在缴纳管理费时，笔者看到作凭证的小纸条非常粗糙、易仿造，就问大叔："那个纸挺粗糙的，我们可以自己写啊？"大叔却很蔑视地看了笔者一眼："不行的哦，这是规矩。有很多人看着的，如果你违规了，要罚款十几二十元的，一般都不会这样子做。"环顾整个市场，笔者却没有找到明文说明在该市场卖菜要遵循哪些规定，而且市场的管理人员虽然也会在市场中巡逻，但并没有抓得非常严，代耕农有自由活动的空间，那到底是什么促使大家遵循"规则"呢？蒙大叔告诉笔者："刚开始的时候，自己也会观察，大家在这样做，所以我也会去遵守。当然也有老乡带一带，跟你说一下的。这些老乡都是比较聊得来的。"市场的规则并不是由市场管理人员或者是明确的公告告诉代耕农的，而是通过熟人关系以及自我观察实现的。

面向市场是代耕农与传统农民重要的区别之一。而这种农贸市场的设置使大都市中心化的特征更加明显，郊区农业的运作完全服从于城市中心。代耕农的迁入服务于这种中心化，他们从事边缘的补偿性经济活动，一开始就注定了在城市中处于边缘化地位。面对强大的市场，代耕农发展出一系列的个人化应对策略，譬如喊价行为、缩短销售环节、逃避市场管理费等，其中既有消极的因素，也有积极的部分，体现了代耕农与市场这个结构性情境的互动。

总之，市场改造了代耕农，使之成为一个合格的市场主体，他们与市场互动的结果则是被驯化。代耕农作为独立的个体面向市场，原先在代耕农社区中提到的邻里互惠的关系在面对市场时已经荡然无存。他们采取的策略源自本身的文化特征，但也做出了部分适应性的修正。

（三）收租及征地的故事："弱社区"的消亡与个体化策略的失败

2009 年 3 月 4 日，我们来到南山村，眼前的景象不禁令我们怀疑自己之前见到的南山村代耕农聚集区是否真实存在过。这里似乎刚刚经历一场"浩劫"，原本一片欣欣向荣的南山村代耕农聚集区已经成为一片废墟，大棚、房子已然全部倒塌，还留下一堆被火烧过的废墟，难道这里的土地被征收了？难道搬家之后还要把剩下的垃圾也一起烧掉？原先的人又去哪里了？

当地的马大婶告诉我们，就在我们来之前的两天，这里的土地被南山村村委以搭建"违章建筑"为由强制收回了，这里的人全部被强制搬走。但我们却更加糊涂了，这里的土地不是村委出租的吗？为什么村委要强迫这帮人搬走？土地既没有被征收，又不出租的话，村委岂不是也有很大的损失？在进一步的询问中得知，原来南山村的代耕农并不像其他村庄那样，从村委那边直接承包土地，而是以私人老板作为中介。20 年前，这个私人老板以每年 400 元的租金跟村委会签订了 30 年的承包协议，到现在还有 10 年才到期。那时这里的土地荒芜，道路又不通，村委认为土地没什么用，就以便宜的租金租给了私人老板，代耕农则成了这块土地的拓荒者。随着一批又一批的代耕农来这里定居后，这里的树被砍了、道路通了，地租也跟着上涨。2007 年，这里的地租已上涨到 1200 元／户，三四十户人家一年的租金可达三四万元。此时，村委会就想将这边的土地收归集体所有，却一直苦于没有借口。2008 年腊月，一场火灾烧断了三根高压电线，刚好给了村委会一个借口，于是村委在火灾之后就以搭建"违章建筑"为由，强迫居住在此地的所有代耕农搬走。但令人奇怪的是，隔壁几个与南山村毗邻但不属于南山村管辖的代耕农棚屋却安全无恙地矗立在那里，难道它们就不是违章建筑？由于被要求搬迁之时已近年关，代耕农没有办法在短时间内找到合适的搬迁地点。经过一番协议之后，村委决定让收垃圾的几户先搬走，而剩余人员则在农历新年正月十五之前搬离。但新年期间，本地人基本上都不做生意，刚刚过完正月十五的那几天也没有人来通知代耕农搬走。此时，私人老板又来收租，并承诺说不可能会逼迁，如果村委要求他们搬走的话，自己会找一百多个人来这边守着，保证没有人敢动他们。正是在这种种因素的促使下，代耕农心安理得地在这边留下来了，继续过着平淡如常的日子。但不幸的事情还是发生了。2009 年 2 月 17 日，村委发来通知，要求 2 月 20 日之前代耕农必须全部搬走。这使杨大婶一家损失惨重。种豆苗的几家也一样，损失达 3000—30000 元不等。苗大哥描述当时的情景时非常生气："我们这么惨，可都没有人帮我们说话。"

代耕农在面对这种强制的拆迁时，"地是他们的""我们作为外来者能怎么说"的观点正是源自前述提到的双重边缘性。代耕农与村集体签订合同（或者口头契约），得到的只是村集体转让的土地使用权，代耕农自身的外来者的身份及小农思想在他们心中根深蒂固，他们的行为是个人化的，在面对问题的时候，也是各顾各，对于其他人的遭遇只作观望，并没有一起争取他们的合法权益。在这之后，南山村的"村民"四散而去，原先三十多户代耕农中，有几户迁到更加远的地方继续种植豆苗或平菇等作物，而有几户由于资金不足以投入生产，已经放弃了种菜的想法，或回家，或进厂打工，完全放弃了原先的生活方式。

面对城市化，代耕农采取的策略是十分消极的，任由城市化摧毁他们辛苦营建的家园。

四、结论

有学者指出，农民工这个职业群体反映了一种极为矛盾的现实，他们户口在农村，基本活动却在城市中，这使他们在城市中变成了"边缘人"。对于代耕农来说，这种"边缘人"的身份特征更为明显。一方面，由于城市化、市场化的加速，代耕农来到了城市的边缘，又在二者的挤压下进一步被边缘化，这是空间层面的边缘性；另一方面，他们被当地人隔离于农田之中，极少与外界接触，这体现为社会层面的边缘性。

双重边缘性源于市场和制度（主要为土地关系、户籍制度）的形塑，而这构成了约束代耕农行为的核心结构性特征。首先，市场是代耕农生存的条件，他们更多围绕着市场（农业商品化）进行生产，市场成为最重要的因素。大都市对于农业的安排是郊区化的，服务于中心城区的发展，它随时有可能被"城市化"所吞没。由此，代耕农的生活本身是受新场域所安排的，以空间上的边缘性为第一特征。其次，在土地所有权方面，我国实行的是集体土地所有权，国家享有对土地的支配权，农民只有土地的使用权而没有所有权。在城市化发展过程中，村集体本身作为利益主体去行动，进一步征用农田，以追求利润最大化，这使代耕农对土地的承包使用权极其有限。村集体把代耕农规定为"外来种菜的"。土地使用权与户籍制度使代耕农的权益受到漠视。

虽然来到了城市，但代耕农还是与土地紧密联系在一起。由于这个客观的原因未发生变化，他们未能有新的城市体验，而是延续传统的小农耕作与生活，安土重迁，日复一日地生产，再造了与传统类似的代耕农社区。如果把他们与城市分离开来，他们则生存在另外一个世界中，城市与他们无关。在这种环境中他们安居乐业，过着与传统乡村相类似的生活。然而，这种与传统相适应的安居乐业的生活是虚假的，代耕农在面对市场时尽显无助，在面对征地时只能被驱赶，代耕农社区常常被迫消失。如果说前述"卖菜的故事"还能体现代耕农群体的部分调整，代耕农围绕着市场种菜、卖菜，通过喊价、逃避管理费等方式去适应，这是以个体面对市场，获得生存，那么在"征地的故事"中则极致体现了这种调适的最终失败。代耕农采取的个人化的市场行为使不同的代耕农个体获得利益的空间不同，但归根到底是他们自身具有的小农思想的体现。他们能够在市场有限的空间中获得生存，源于农贸市场与代耕农群体的共生性，即市场需要代耕农，代耕农也需要市场，但市场需要的是个体化的代耕农，需要被其驯服的市场主体，市场形塑了他们的边缘性，从而使他们为都市的中心性服务。当城市化继续外推时，代耕农这种个体的应对策略则失效了。他们按照自己的惯习去调适，而带来的却是代耕农社区的消亡，他们只有选择退出。

至此，代耕农的生存策略在典型性故事中得到了充分体现，基于农民立场的微观层次的研究能够比较深入地反映在宏观背景变迁下农民所采取的行为逻辑，通过进一步考察地方社区、代耕农与环境之间的关系也能对宏观情境的变化进行分析。代耕农行为逻辑产生的根源在于市场与村集体的双重挤压。代耕农通过与村集体签订合同，也获得了土地的使用权，但这种使用权是极其有限的，他们被村集体定位为外来人，土地使用权在"外来者"这个身份面前则显得格外脆弱。在这种"边缘人"的社会地位基础上，他们形成了一种"边缘人"的独特心态。在代耕农身上，身份认同是混乱的，他们或认为自己是农民，或认为自己是打工的，但在受到驱赶时，他们却一致认同自己是"外来者"，土地是别人的，他们只能无可奈何地接受他们面临的不幸。

中国的市场转型正在逐步把原先的工人拆解成一个市场原子化的劳工主体（郭伟和，2008），使他们丧失了抵抗能力，代耕农更是如此。城市"中心—边缘"的规划不允许出现集体、强势的代耕农群体与其对抗。前文已经指出这种市场原子化的行为策略在对抗市场及村集体时是无助的，这种传统的惯习所导致的行为的最终结果是代耕农自我边缘化。沈原指出，面对中国转型的社会，要努力实现从"结构社会学"向"行动社会学"的过渡，他认为对于社会自组织机制得到充分发育和显现的地方，要用"弱干预"手段；而当社会自组织机制受到严重压抑甚至破坏，难以在短期内自动修复的条件下，"强干预"是必须的，社会学的干预则是以长期持续的干预活动促成其变化。（沈原，2007）我们认为，在完成对代耕农群体的描述之后，需要采取"强干预"的手段对代耕农社区进行重新组织，以促成其具备对新的结构情境的调适能力，要让代耕农调整自身的惯习，从而更有效地生存下来。而这种重新组织则体现为引导代耕农建立强有力的社区，使代耕农本身从个体化的策略走向集体性的策略。如果能将代耕农的个体生存策略通过某种方式转化成一种集体行为，促成其自身的联合，增强其与外在强势力量相抗衡的能力，从而为自己争取一个更好的生存环境，这或许是改善代耕农生存状况的一条途径，也是社会学或社会工作在研究代耕农问题中可以考虑的方向。

参考文献

陈海真：《代耕农——新农村建设中的"租约农民"——以惠州市博罗县石湾镇铁场村为例》，《华南农业大学（社会科学版）》2006 年增刊。

费孝通：《乡土中国、生育制度》，北京大学出版社，1998。

郭伟和：《身份政治：回归社区后的北京市下岗失业职工的生计策略》，《开放时代》2008 年第 5 期。

［美］赫伯特·马尔库塞：《单向度的人——发达工业社会意识形态研究》，刘继译，上海译文出版社，2006。

黄志辉：《自我生产政体："代耕农"及其"近阈限式耕作"》，《开放时代》2010 年第 12 期。

黄志辉：《珠三角代耕菜农：参与世界生产体系》，《中国社会科学报》2011 年总 153 期。

李培林：《村落终结的社会逻辑——羊城村的故事》，《江苏社会科学》2004 年第 1 期。

李培林、李炜：《农民工在中国转型中的经济地位和社会态度》，《社会学研究》2007年第3期。

李培林：《农民工：中国进城农民工的经济社会分析》，社会科学文献出版社，2003。

李汉林：《关系强度与虚拟社区——农民工研究的一种视角》，社会科学文献出版社，2003。

李秉乾：《都市农业理论问题调查研究》，《都市农业》2000年第10期。

陆学艺：《"三农论"——当代中国农业、农村、农民研究》，社会科学文献出版社，2002。

陆学艺：《改革中的农村与农民：对大寨、刘庄、华西等13个村庄的实证研究》，中共中央党校出版社，1992。

[法]孟德拉斯：《农民的终结》，李培林译，中国社会科学出版社，1991。

孙立平：《城乡之间的"新二元结构"与农民工流动》，社会科学文献出版社，2003。

申群喜等：《珠三角代耕农生存境况及相关问题研究》，《云南财贸学院学报（社会科学版）》2006年第1期。

[美]詹姆斯·斯科特：《农民的道义经济学——东南亚的反叛与生存》，程立显、刘建等译，凤凰出版传媒集团、译林出版社，2007。

沈原：《市场、阶级与社会》，社会科学文献出版社，

2007。

折晓叶：《合作与非对抗性抵制——弱者的"韧武器"》，《社会学研究》2008 年第 3 期。

汤光明、柯荣：《转轨时期我国农业市场风险规避探讨》，《福建师范大学学报（哲学社会科学版）》1999 年第 3 期。

陶红军、徐华艳：《都市农业发展浅析——武汉市的实践》，《农村经济》2003 年第 2 期。

王汉生等：《"浙江村"：中国农民进入城市的一种独特方式》，《社会学研究》1997 年第 11 期。

王春光：《巴黎的温州人》，江西人民出版社，2000。

项飚：《社区何为——对北京流动人口聚居区的研究》，《社会学研究》1998 第 6 期。

袁银传：《小农意识与中国现代化》，武汉大学出版社，2008。

[美]詹姆斯·斯科特：《国家的视角》，王晓毅译，社会科学文献出版社，2004。

Robert H. Bates, "People in Villages: Micro-level Studies in Political Economy", *World Politics 31* (1978).

反思弱者武器的效度：
以珠三角代耕农为例 [①]

黄志辉

　　自詹姆斯·斯科特（James Scott）的东南亚农民研究系列译介给中国读者后，"道义小农""弱者的武器""隐藏的文本"等概念风靡国内社会科学。斯科特认为，处于社会底层的小农仰赖支配阶层的道义救济，若不然就以流言蜚语诋毁支配者；小农不会轻易地冒险进行大规模的反抗，"革命"对于他们而言即使不是痴心妄想，也是百年难遇的身家大事；他们经常使用的反抗形式隐藏于日常生活之中，包括"行动拖沓，假装糊涂，虚假顺从，小偷小摸，装傻卖呆，诽谤，纵火，破坏，等等"（斯科特，2007：35），这些都是所谓"弱者的武器"。在斯科特看来，日常的反抗形式是一种没有正式

---

　　① 本文曾发表于《广西师范大学学报》2013 年第 5 期，收入本书后有调整。

组织、没有正式领导者、不需证明、没有期限、没有名目和旗号的社会运动——亦即"隐藏的文本"。(Scott，1990)斯科特的这些理论，似乎给研究转型中国底层民众的社会科学研究者送来了福音。那些宣称为弱者维权、为底层发声、为无权者著述的学者纷纷引用斯科特在东南亚的上述重大发现。尤其是《弱者的武器》一书，问世以来引用率节节攀升。社科学者眼中的底层大众似乎在日常生活中开始了一场"微政治"的革命，任何能够跟"弱"相关的行为都似乎可以和"日常生活中的反抗"挂钩。

　　然而，斯科特的研究对象是前资本主义时期的东南亚，虽然他也力图将结论推广至更大范围的底层社会，但是毕竟转型中国处于世界体系中强劲发展市场经济的阶段，与前资本主义有所不同，诸如"我国是一个农业大国"这样的话语已被市场化、工业化、城市化等"化"学反应消弭在历史之流中。所以，当前学界对斯科特的理论的使用是应该慎之又慎的。然而，不论是当下对中国农民的实证研究，还是对农民工、下岗群体、艾滋病人等弱势群体的研究判断，充斥着"斯科特式弱者武器"式的结论，一些诸如"农民反抗的微政治""以身抗争""作为武器的弱者身份"等概念纷至沓来。虽然也有研究底层社会运动和农民维权的学者，已经意识到了斯科特的理论在解释力上的贫困，但是他们要么在其论文、著作中仅仅做出一种形式主义的文献回顾，要么补充几个辞藻，继而联合斯科特的概念共同解释转型中国的弱势阶层。总之，相关领域的研究学者缺乏对斯科特理论的系统判断与根源反思，这很容易让我辈社会学、民族学、人类学等学科青年在从事实证研究时，继续沉沦于斯科特的弱者概念流中而不自省。

费孝通先生认为，一切前人以科学方法得到的社会理论都只是帮助我们进行社会调查的手段，我们应当向他学习，但是绝不能用来代替我们从自身田野调查中得到的结论。（费孝通，1983）笔者在珠三角从事博士论文的田野调查时对此深有同感。在 2009 年至 2011 年期间，笔者花费了 233 天的时间调查了珠三角的底层群体——代耕粮农与代耕菜农。在田野调查过程中，很难发现所谓"弱者的武器"——即使代耕农偶尔试图启用"弱者的武器"，但结果要么就是自取其害，要么就是毫无效果。为什么一个被如此吹捧的理论不能应用到田野调查的材料中？是我们调查的深度不够还是斯科特理论从来就不是一个带有普遍性的理论？

一、支配体系与劳动方式的变迁：概念解释力的富足与贫困

斯科特提出"弱者的武器"的目的，一方面是为了在农

民革命、农民运动学说之外，提出另外一种与之在理论上分庭抗礼的农民抗争论；另一方面，斯科特意在批判葛兰西的"意识形态霸权"学说。葛兰西认为"霸权"学说误解了属于农民的"意识形态"，把农民想象成接受剥削、在政府权力步步紧逼面前不断退让的宿命论主义者，认为农民不仅慑于支配者的暴力，精神上也接受统治者的意识主宰，认为自己"命该如此"。斯科特对此提出了反驳。与葛兰西相反，斯科特认为作为从属集团的农民，面对强权与支配时，他们会采取一些自我保护的甚至具有挑衅性的逆反手段，来维护自身利益。这是一种无组织、无领导、无目标、相机行事的反抗，一种既可以争取到相应利益、又可以避免严厉惩罚的行动模式。斯科特意图赋予弱者在底层空间以一种自主性和能动性，这一点和同样源于与葛兰西对话的南亚底层学派的观点相同。但是，与后者不同的是，斯科特的弱者理论是一种相对论——弱者及其"武器"的存在，决然依靠强者的在场，而不是像查特吉、古哈等南亚底层学派的学者那样，抛开支配者，书写庶民的历史。

说斯科特的理论是一种相对论，是因为其理论解释力的适用程度取决于两个条件：其一，弱者与强者在某种支配空间中的相对联系密度；其二，支配者控制劳动生产者的力度和手段。第一个条件是指"强""弱"双方必须共处同一社会情境，且通过对资产（以土地为主）和劳动成果的分配而形成的制度联系，双方互相依赖。若假设某个村落、社区中没有支配者，人与人之间平等互惠——或者被支配者根本就不知道是谁在支配他，那么"弱者的武器"就没有实施对象——在传统社会中这是一种乌托邦想象，农村永远不乏强弱的区分，"弱者的武器"有用武之地。在第二个因素上，要指出的是农业社会中小农的耕作手段在长时期内都是稳定的，且实践者都是小农自身。不仅是农民仰赖自己劳动而生存，支配者也仰赖农民的劳动。这就在传统农业社区中构建了一种社会情境，所有的经济行为、道德伦理、互惠交往都镶嵌其中——也就是波兰尼所谓的"嵌入性"。支配者所支配和直接依赖的是小农的农业劳动。而传统农业耕作方式在农业社会时代并没有当今意义上的科技革命，耕作技术和耕作者本身没有急剧性的变迁。这样看来，在较为稳定的传统农业社会，农民生死于斯，斯科特的理论解释力可能显得相对较为充实。因为这种情境捆绑了强者的道义救济以及"弱者的武器"，互相仰仗。这一点不仅斯科特的研究显示如此，其他许多学者也有相应的发现。例如傅衣凌先生描写的明清农业社会中地主与农民间的礼尚往来，历史学家布洛赫《法国农村史》中也有许多处阐述了强弱共存互惠的情境。

但是，社会变迁的速度在不断摧毁斯科特的理论解释力。

现代社会提供的条件与技术革新愈来愈撕裂强者与弱者之间的物理空间距离。在底层劳动的中国农民工，很难想象得到其支配者可能是坐在美国华尔街办公室喝咖啡的大肚子老板。在近三十年来的中国，农民远离家乡在异地劳动，脱离了其传统的支配情境，重新掌握的生产技术、劳动方式与以往也有所不同。在新的情境中，支配者与被支配者——即强弱之间的联系纽带是否还那么有力？"弱者的武器"是否有直接针对的对象？支配者是否还有道义伦理？拿这些问题去考察中国上亿的外出农民，可能会产生各式各样的答案——斯科特的弱者理论也要受到相应的拷问。实际上，斯科特自己已经完全意识到劳动技术结构的变化与"弱者的武器"的效度成反比相关关系。例如在《弱者的武器》一书中他已经提到"绿色革命""双耕技术"和联合收割机的引进，使得"弱者的武器"的效度有所降低。但是他并未对其"弱者的武器"的限度与去向进行清晰的阐释，相反他为了强调其概念在农业社会的普遍解释力，仍然勉强地用弱者理论去解释处于变迁潮流中的小农。中国的许多社科工作者则持完全的"拿来主义"，不加批判地予以滥用。

仅仅从弱者所处社会情境变迁的角度质疑弱者理论还是一种很抬举斯科特的做法。另一种具有源头意义的批判角度是：在传统农业社会中，支配者对被支配者的道义救济以及后者对前者的流言蜚语，究竟是一种阶级之间的行动往来还是一种文化现象？农村中不可能清晰地划分出支配者与被支配者两种立场——就像有些学者提出的，在中国传统农村也不能在地主与农民之间划分一条绝对的界线，从拥有土地的角度上看只能是一个分量多少的连续统。（赵冈，2006）不同的家庭处于不同的社会位置，不是每一个社会细胞都可以清晰划定为支配者与被支配者的。各阶层之间的行动取向是极为复杂的。况且，富人对穷人也可能有诽谤或其他暗中作恶行为，穷人对富人可能也会有道义帮助，这有可能是村风俗约、地缘血缘传统、差序伦理的集体遗传决定的，而不能简单地划分为支配与被支配群体，然后强行给二者的集体特征进行文字上的指指点点。如果所谓"弱者的武器"是一种文化，那么在具体情境中就会有相对具体的表现；甚至当社会情境置换时，这种文化还有可能荡然无存——自然，弱者的行动文化也可能随情境的置换而消失。

当然质疑斯科特理论的角度还有很多，我们仅仅是提出社会情境和支配体系的置换、劳动生产的方式及其控制手段的变迁来批判弱者理论，是因为在珠三角长期的田野调查中发现，在代耕农群体及其支配者之间，难觅"弱者的武器"和"道义伦理"的踪影。在未进入田野调查乃至博士论文写作的中前期，我们一直试图将斯科特的理论作为重要的分析框架之一，然而，随着田野调查的深入与写作的持续，愈来愈发现斯科特概念的解释力极度贫困，至少在面对代耕农时是如此。

二、珠三角的代耕农——现代支配体系中无法抗争的弱者

珠三角的代耕农群体由来已超三十年。珠三角这片改革开放的弄潮之地是 1979 年后全中国最早出现代耕农的地区。所谓珠三角的代耕农，是从异地来到珠三角为本地农民耕田种粮、种菜的农业移民群体。该群体在珠三角的实际构成极为复杂，总体来说，包括代耕粮农与代耕菜农两个部分。

代耕粮农出现在 20 世纪 70 年代末至 90 年代初，以来自广东省内贫困山区为主的农民来到珠三角，在当时基层政府的允许下，迁入的农民和原当地农民签订口头或书面合同：迁入的代耕粮农只要完成当地的粮食生产任务，土地就可永久转让，且可逐渐入户、享受和本地人同等的待遇——该类群体在珠三角超过十万人。几户、十几户甚至几十户的边缘地区农民迁移至中心地区，要么插入至当地农村社区中居住，要么聚合地形成新的小聚落甚至上千人的大村落。

代耕菜农出现在 20 世纪 90 年代初。由于快速的工业化和城市化飙涨了土地的货币价格，珠三角本地农民停止了招

收代耕粮农，他们将未建成工厂的农用地，租给来自广西、江西、湖南以及广东贫困地区的农民种植蔬菜，每亩收取几百元至上千元的租金。此类代耕菜农数量在珠三角地区超过二十万人（截至 2011 年 1 月调查结束为止）。菜农日常居住在农田中自建的棚户里。经常穿梭于珠三角的人们在旅途中就可以看到平原上有许多低矮的棚户，那便是代耕菜农的居所。在一些蔬菜种植密集区，这类棚户密密麻麻，蔚为壮观。

两种代耕农出现的时间、农业生产的形式、劳动的方式以及与本地人的联系等都有所不同，以至于两者与本地人、当地政府以及工业化力量之间建立的社会情境以及支配体系都不同。笔者将用实证资料分别介绍两个群体所面临的社会情境和支配体系如何变迁，随之如何导致"弱者的武器"的无效。

（一）被悬置的代耕粮农：支配体系的转变

马克思在《法德农民问题》以及《政治经济学批判导言》中提出，在土地所有制占支配地位的社会中，小农主要受到行政力量的支配；而在资本处于支配地位的社会中，不言而喻，主要支配小农的力量来自资本。从 20 世纪 70 年代末就开始迁入到珠三角的代耕粮农，其所经历的支配体系的转变与马克思的判断基本相似，即从行政支配走向了资本支配。

笔者调查的代耕粮农村落位于中山市板芙镇白溪村与湖州村之间，名曰"新一队"，共计135户，几近1600人。该聚落被105国道一分为二，我们重点调查了路南的76户。该76户代耕粮农主要来自粤西山区的罗定、信宜两地，迁移时间从1978年至1990年间不等，大约半数的代耕粮农是在当地分田到户（1984年）之前来到当地的（集中于路南的76户）。由于很多人是在分田到户之前来到板芙人民公社的，所以公社允许成立白溪大队新一生产队。队长由白溪大队的一位本地农民代理，会计由来自信宜的林生担任。土地承包责任制实施前，新一队共有二百五十多亩的土地，分布于居住区周围三处地方；土地承包责任制之后，白溪大队划拨给新一队的责任田超过五百亩——承包土地的代耕粮农到现在都几乎仍保留了当时的土地承包责任合同书。

在20世纪70年代末至整个80年代，新一队镶嵌在当地的"公社—大队—生产队"的行政管理体制下从事农业生产。在责任制实施前，新一队按工计分劳动（到现在还保留了一些工分簿）。生产队每年集体上缴两次公粮，在十几年的时间里，他们上缴了上百万斤稻谷，为当地做出了巨大贡献。当时本地农民与代耕粮农两个群体之间构成了一种互惠的劳动分工状态——本地人可以将自己从农田中解放出来，去务工经商；代耕农可以远离贫瘠的乡土，在珠三角求得生存。在这种社会情境里，当地政府、本地人和代耕粮农之间构成了一种紧密的支配体系，此时"弱者的武器"能够发挥作用。例如，代耕粮农缴纳粮食的时候往里面掺进大量瘪谷，或者将未晾晒干的稻谷放在编织袋底层而表层放一些晒干的稻谷，等等。另一方面，政府也经常为新一队的剩余劳动力开一些工厂用工介绍信、未婚证明等等，而本地人中较为富足的家庭还经常给那些盖房子的代耕粮农一些建筑材料——总之，支配方给予了弱者道义上的支持。

然而，到 20 世纪 80 年代末期至 90 年代，白溪村的工厂数量翻了十几倍，盖工厂开工地，土地的价格刺激了当地基层政府和本地人的货币欲望，板芙镇人民政府以及白溪管理区开始不断收回代耕粮农的土地。在 1989 年收回第一块土地的时候，当时的板芙镇委领导还口头答应会从另外的地方补偿相同面积的土地给新一队，而之后的几次征地则没有任何承诺。至 1996 年，新一队的土地全部被收回，而所有的土地承包合同上写的第一轮承包期限是 1998 年。土地收回的过程中，新一队代耕粮农没有得到任何补偿。为此新一队还曾数次上访，但都无果。1995 年，白溪村委书记给新一队村民开会，宣布白溪已经无地可耕，新一队解散，要求新一队村民回老家。1998 年前后，板芙镇的白溪村、湖州村和金钟村的本地人在基层干部的带领下，还曾数次带领本地农民试图拆迁代耕粮农的房屋。在这种社会情境急剧转变的情形下，代耕粮农拿起锄头扁担，以身护家，拒绝拆迁——这已经不是斯科特意义的上"弱者的武器"或"隐藏的文本"了，而是底层做出的一种显性的反抗，将过去与支配者之间复杂的关系放置前台，简化为一种敌对关系。

支配力量已经割裂了与代耕粮农之间的联系，后者已经丧失了直接针对前者的"弱者的武器"，因为以前那种互相仰赖的社会情境已经一去不复返。原先承诺的入户、永久耕作和居住基本上成了泡影。珠三角基层治理权力将代耕农悬置在珠三角，任由其愈来愈陷入无政府状态，而本地人与代耕粮农之间的那种互惠分工与些许的道义往来也烟消云散。代耕粮农为了争取自己的利益，数次前往上级政府上访。在过去十五年里，新一队人前往市、省乃至中央上访超过 200 次，每次都携带着厚厚的耕地合同、土地承包合同、工分簿、请愿书，但最后要么经过行政科层的层层批示，之后下达至基层政府却无果而终，要么是上级政府以代耕粮农不是本地人而无法处理为借口进行推辞。新一队的上访都变成了无效上访。要指出的是，新一队上访、抗争的方式是没有任何攻击力的弱者行为。并且，这种抗争行为并没有任何隐蔽性，这更应该是属于学者说的试图"依法抗争"（O'Brien and Li，2016）、"以法抗争"（于建嵘，2004）或者其他什么抗争方式。

在另外一篇文章里，我们详述了代耕粮农无效上访的原因是因为代耕粮农在珠三角没有成员资格以及行政体制的科层化导致。（黄志辉、麻国庆，2011）而正是代耕粮农被支配者"开除"了在当地居住的合法成员资格，他们被驱逐出了那种共享道义规范的社会情境，而悬置在支配结构之外。无论代耕农怎么样指手画脚、怎样在背地里破口大骂，责备本地人的忘恩负义、过河拆桥，都对那些轰隆隆填平农田的推土机没有半点效应。而本地人则经常对外界宣布说："土地是我们的太公留给我们的，那些罗定、信宜佬的家在山区，不在这里。""弱者的武器"失去了其存在的土壤，就与流浪汉在无人野外的呻吟无异。

有一些代耕粮农的行为可能会被那些斯科特理论的推崇者所误解而归类为"弱者的武器"。这里举两个例子。一个是2004年发生在新一队的环卫事件。当地环保部门拒绝给新一队收垃圾，原因据说是白溪村委没有给这块归其管辖的区域交环保费。新一队人为了发泄愤慨，将垃圾大桶大桶地倒在了路边、河涌里，说是干脆要毁了板芙镇的环境卫生。虽然一个月后，环卫问题以环保局和新一队的各自退让而得到解决，新一队人认为自己得到了胜利，但是也受了大罪，在这一个月里，新一队人自己受尽了污浊之气——无论白天黑夜他们都呼吸着垃圾堆散发的臭气。

　　还有一个例子是代耕粮农的生育问题。由于基层政府很少监管代耕粮农聚落，这些地方成了违反计划生育政策的"天堂"。20 世纪 80 年代至今，新一队很多家庭生育的孩子都在三个以上，为了规避计划生育检查与罚款，他们也不去给孩子上户口。这样一来导致了两种后果，一是家庭人口增多，家庭负担加重；二是孩子没有户口，就很难解决教育问题，只能读民办的低质量"高价书"。若干年后的后果是底层的再度制造，这种隐蔽的无政府行为最后只能再生产出新的弱者。

　　综合上述两个例子，我们可以看出：与整体社会情境及其支配体系脱节的底层弱者，其在日常生活中的一些越轨行为，不仅不是斯科特所说的有攻击力的"弱者的武器"，反而可能成为自我毁灭的武器。

　　也许有人会反问，难道代耕粮农不要生存吗？他们没有其他的雇主吗？有雇主不就有可能产生"弱者的武器"？事实上，新一队年轻的代耕农大多数在工厂打工，但都不是在本市，他们在工厂中是否有"弱者的武器"要另当别论，这个问题是属于工业社会的劳动情境范畴，而非定居点社会内的议题。那些年纪大的代耕粮农主要从事自雇的工作，如摩托载客、摆个小摊、从事个体或者打些零工。他们的工作环境仍然缺乏以往那种复杂社会情境的支持，没有固定的雇主，即使有"武器"也很难使出。总而言之，在珠三角当地，代耕粮农处于一种无身份的边缘状态，对支配者缺乏有效反抗的力量。

关于新一队人的历史、上访过程以及其他生活和抗争材料，在笔者的博士论文中有详尽的描述。本文仅简单介绍了其支配体系的变迁：从镶嵌在当地行政体系中的群体，到被支配方嫌弃的对象，新一队面对的社会情境与支配体系经历了巨大的变迁。由于代耕粮农与基层政府和本地人之间丧失了以往那种互相仰仗的必要性，使得双方不再共享任何义务规范——支配方远离了代耕粮农之后，后者的任何行为都很难产生抗争效应，并且很可能陷入底层再生产的困窘境地。

（二）服务于世界生产体系的劳动者：没有“武器”的代耕菜农

我们调查的另一个代耕农群体——代耕菜农集中于里溪村，与代耕粮农田野调查点毗邻。里溪村工业发达程度稍逊于白溪村，村落西、南方向仍保留了四百多亩农田。该村农民早已“洗脚上田”，他们将余留的农田以 500 元至 1000 元每亩的价格出租给外来的 84 户农民种菜。每户菜农几乎都由夫妻劳动力构成，其年收入取决于租地面积（一般不会超过八亩地）、劳动力、劳动量、种植类型，每户每年收入 2 万至 7 万元不等。在这 84 户中，有 31 户来自广西各地市；9 户来自湖南；15 户来自广东的阳春县；14 户来自广东的信宜县和罗定县，其余都属于来自其他地方的散户。2010 年 7 月份我们在里溪村开始田野调查时，大部分的菜农是在 2010 年初开始第一年的耕种，每轮租期都在 4 年左右。需要重点交代的是，代耕菜农的蔬菜主要供给工厂食堂——也就是说，他们为工厂的生产服务，而珠三角的工厂又勾连整个世界——他们位于整个世界生产体系的末端。

里溪村菜农的平均年龄在 41 岁，年龄大主要是因为大多数菜农之前有其他外出务工经历。在 84 户菜农中，有 52 户（每户至少有 1 个劳动力）曾有在工厂打工的经历。菜农不在工厂做工而去务农，原因有三：一是由于年纪太大，超过了工厂所需的劳动年龄而被间接地"开除"，或用他们自己的话说，"老了去工厂没人要"，于是在工厂外租田耕作；二是这些农民工们在工厂内"不自由"的体验导致了他们逃离出车间厂房；三是由于一些较为年轻的菜农刚刚生育后，无法或"不舍得"托付子女的养育，而工厂又限制了劳动与养育同时进行的可能，遂在工厂外的农田中开辟一个集家庭生活与劳动生产于一身的空间。总之，很多菜农都曾直接服务过珠三角的"世界工厂"，离开工厂后他们又在工厂之外租耕农田，间接地为工厂服务。

菜农从当地村委或村民小组那儿租借土地，开耕前缴纳土地押金与本年租金，之后几乎与本地人没有任何往来。据菜农自己说："我们除了在菜市场，平时很少会与本地人有往来，他们都是有钱人，瞧不起我们种菜的外地人。"事实上在整个珠三角地区，菜农都是农村社区中被边缘化的群体，他们与本地人之间老死不相往来。本地人主要是从农贸市场的菜摊上买菜，而菜摊的菜又是摊贩从菜农那里批发得来的，菜农被禁止在农贸市场楼内销售蔬菜。在菜农群体内部，平日里由于劳动时间安排得十分紧凑，相互之间也很少有社交生活。所以，菜农就好像是被原子化的个体，将自己隐藏于农田之中。

虽然代耕菜农与本地人、工厂老板之间没有直接的联系，但是他们仍然构成了支配结构中的底层。里溪村本地势力和工业资本对菜农的支配方式有很多。例如，在土地租金定价方面，菜农基本上没有发言权，工业发展得好、当地工人数量多，租金就高，反之就低（2008 年金融危机之后珠三角的农用地租金骤降）；本地人给菜农划定了的售菜场所是在农贸市场之外，且在早晨八点以后不准售菜（菜农在八点之前必须将菜售出）；当地的混混经常试图到菜农的棚户中收取保护费、治安费；菜农的土地耕作期也是没有保证的，他们随时可能面对工业扩张的侵犯，很多时候必须无条件离开他们的土地。工业化力量、本地市场制度、地方势力构成了菜农的多重支配体系。

菜农面对的这种支配体系和实践的劳动方式与传统小农相比完全不同。传统小农与其支配者几乎面对面，即使面对那些不在村的地主，至少他们清楚自己直接服务的对象，从而也有直接呼吁救济的对象。传统小农的生产劳动嵌入在整个社会网络体系之中，劳动成果归劳动者和支配者共同分配，小农与其支配者之间相互仰仗，所以农民的一些不过分的反抗被地主士绅所接受。而在菜农的支配体系中，他们被市场所调配，没有某个具体的支配者。虽然菜农服务于世界生产体系，为工业化提供劳动力再生产所必需的蔬菜和服务，但是他们和服务对象之间却没有任何直接的契约关系。菜农被隐性剥削却不知道剥削他们的是谁，表面上看他们自己似乎是自己的老板。如果他们在生产生活中采取斯科特所说的"弱者的武器"——偷懒、开小差、纵火、流言蜚语等，那么后果是影响自己的销售利润——因为自己要为自己这种行为埋单。总之，现代资本主义世界体系已经做到了即使不和劳动者面对面，他们也能调动底层劳动者为他们服务，但却不用为诸如代耕菜农这样的劳动者埋任何单。（黄志辉，2010）

虽然代耕菜农与本地农民共同在一个村庄范围内，但菜农居住的是低矮棚户，本地人居住着高墙大院，互相区隔得极为明显，相互之间没有来往，却有暗地里的评价和谩骂。例如，我们接触的一些菜农经常说本地人"绝情，见钱眼开，没有仁义"——如果将这样的评价看作是"弱者的武器"就大错特错了，因为同样的意识在本地人那儿也经常出现。本地人经常觉得菜农"低贱"，只知道挖土种菜，老人们教育自己的孩子说："你不听话就要像田里那些人（菜农）一样，做一世的番薯佬。"可见，斯科特所谓"弱者的武器"并非只是被支配者在后台用以泄愤的语言工具，支配者在后台也经常使用，以巩固这种相对优越感。更严重的是，本地人还可以将这种在后台的评价和谩骂搬到前台来。在调查期间，经常发现一些菜农将一些农家肥料堆积在水泥路边，臭味极重；或给蔬菜喷农药时，药味刺鼻。一些居住在附近或过往的本地人忍受不了，就会朝农田里破口大骂"仆街""咸家铲"。菜农每每听到，也只能忍气吞声，以沉默回应。

总之，离乡而不离土的代耕菜农，在进入异地之后面临全新的社会情境和支配体系。与传统农民和工厂农民工不同，菜农服务于世界生产体系却看不清、摸不着甚至想不到支配他的"地主"和资本家及其代理人。他们整日埋头于自己的劳动王国，这种劳动生产方式是他们生存的全部，而不像是在传统农业社会中嵌入到社会网络中去。劳动方式的变化与支配情境的转化，导致"弱者的武器"不能实施。看来，如果没有批判性的眼光，用斯科特的弱者理论去分析诸如代耕菜农这样的离乡农民，注定将搭建一个贫瘠的理论分析框架。

三、结论

从经验层面来看，斯科特的弱者理论有两点缺憾。一是研究对象的单位规模过小及其复杂性程度不高。其研究是在一个百十来人的马来西亚农村完成的，一个在那里待了一年的学者，弄清楚几十人的日常行动与社会结构并非难事。虽说麻雀小、五脏全，但是相较中国的村庄单位，无论是从规模上还是构成的复杂性上看都截然不同，所以在研究单位层面上看就需要慎重地使用其理论。二是其研究对象属于不离乡不离土的农民，被动地在原地接受社会变迁，没有离开他们原先所处的社会情境。而中国的农民工或代耕农，都是离开了他们熟悉的村落，来到他人地盘上劳动，其所面临的支配体系当然完全不同。这两点经验层次的特点是斯科特理论的普适性不高的原因。

转型中的中国产生了各式各样的底层劳动者，他们主要是由离开家乡的农民构成。离乡又离土的农民工与离乡不离土的代耕农面临的是一种社会情境的全面转换。这种转换，意味着他们远离了传统农村的社会规范、伦理道义，并且，他们不是从一个农村来到另一个农村，而是从农村来到工厂、城市或城郊。以往的农民意识与新的社会情境并不兼容，农民再想通过背后骂人、小偷小摸、偷懒懈怠来进行日常反抗都是见效不高的。因为他们将面临新的管理制度、劳动方式，以及奖惩措施。这并不是说他们在日常生活中没有反抗，而是指斯科特所言的弱者理论并不一定能够在分析中国底层时发挥超能量作用。

我们在文中所举的两种代耕农的例子，对于斯科特的弱者理论来说有不同的批判意义。第一个是代耕粮农的例子。该群体在过去三十年的经历说明两点：其一，农民面临的以行政为主导的支配体系发生了巨大的变迁；其二，即使获得了在异地生存生活的成员资格，也很容易随即丧失。在工业化、城市化比较快速的地区，资本与市场力量的强力注入导致了底层群体要面临新的支配力量。尤其是工业资本，对弱者生存环境的摧毁几乎所向披靡。正是因为工业资本的快速引进，才导致代耕粮农快速地失去土地，催发当地政府和本地人隔断他们与代耕粮农之间的联系纽带，将后者引入无政府状态，并最终使得代耕粮农的上访行为无效。而代耕粮农日常生活中的一些反抗行为，对支配力量几乎没有攻击力，有时还将自身引入底层再生产的恶性循环中去。代耕粮农在初期获得了在珠三角生活下去的成员资格，但是这种资格至今没有得到认可。而正因为丧失了成员资格的合法性，使得其反抗的效度极低。

第二例子来自城郊的代耕菜农。这个例子主要说明：在现代支配体系中，以资本为主导的支配力量，不需要和所有行业的劳动者产生直接关系就可以在某种程度上支配劳动者——尤其是那些像菜农一样从事自我生产行业的群体，不能从支配力量身上得到任何道义救济、伦理补偿。菜农和其他很多从事自雇行业的群体（如流动摊贩、小个体户、摩托车载客人、"棒棒"、拾荒者等）一样，都已经卷入了整个世界资本主义生产体系，他们看不到、摸不着支配者，却受到了隐性的剥削与控制。自然，斯科特所谓"弱者的武器"也就没有了施展对象。个体性的怠工、偷懒只会影响自己的生产效率，对支配力量却不会有太大的伤害——而那种集体性的罢工就是底层集体的显性反抗而非"弱者的武器"了。

总之，斯科特的弱者理论在面对急剧转换的支配体系时以及在分析现代资本主义体系下的自雇式劳工时，其解释力极为有限。而转型中国又有大量的底层弱者既面临支配体系的转换又面临世界资本的霸权控制，此时不带批判地借用斯科特理论进行分析并不十分恰当。这是本文的结论。另外需要补充的是，那些利用"艾滋"身份、"跳楼讨薪"、自杀式反抗等行为，将弱者的"弱符号"与伤疤向社会彰显出来的抗争，并不符合斯科特定义的"日常生活中隐性的抗争"，诸如此类的理论应用是不恰当的。

参考文献

[美] 詹姆斯·斯科特 :《弱者的武器 ：农民反抗的日常形式》，何江穗、张敏、郑广怀译，译林出版社，2007。

费孝通 :《从事社会学五十年》，天津人民出版社，1983。

赵冈 :《中国传统农村的地权分配》，新星出版社，2006。

于建嵘 :《当代农民维权抗争活动的一个解释框架》，《社会学研究》2004 年第 2 期。

黄志辉、麻国庆 :《无"法"维权与成员资格——多重支配下的"代耕农"》，《中国农业大学学报》2011 年第 1 期。

黄志辉 :《自我生产政体 :"代耕农"及其"近阈限式耕作"》，《开放时代》2010 年第 12 期。

James Scott, *Domination and the Arts of Resistance: Hidden Transcripts* (Yale University Press, 1990).

Kevin J. O'Brien and Li Lianjiang, *Rightful Resistance in Rural China* (Cambridge University Press, 2006).

流动社会中的"过渡日常"——一个基于京郊代耕菜农研究的经验分析框架①

李旭东

一、引言

近二十年来，我国社会科学界逐渐摆脱宏大的历史叙事与重大的社会实践，迈向"日常"的概念，主张研究者进入人们"过日子"的常态中去，探索日常的社会学、人类学研究。学界关于日常生活的研究，为我们呈现了一个总体性的分析视野。围绕着"过日子""日常生活"等概念，学者们深入研究对象的生活世界与情感世界，展开多维且开放的思考。但相关研究展示的"日子"，似乎都特别"正常"，在大

① 本文是"地权分置视野下的土地关系新构造与当代中国代耕现象研究"（项目号16CSH054）的项目成果，曾发表于《探索与争鸣》2019 年第 5 期，收入本书后有改动。

转型时代的巨浪下也能波澜不惊地过下去，延续"日子"的某种历史形态。然而，这种类似的日常生活研究结论显然与中国社会变迁研究的实际经验相悖，大转型社会中的人所过的日子及其从事的生产劳动，必然与以往生活的日常轨迹有所不同。尤其是对新行业、新领域中的人来说，他们要面对一种时代过渡性的生活与生产，我们应该如何理解他们的"日常"？尤其是在我国追求现代化、工业化、市场化和城镇化的转型道路上，土地（及土地制度）、社会与劳动者三者之间的关系呈现出别样的图景，我们如何观察宏观社会与微观生活之间的关系？

本文关注的经验对象是北京郊区的代耕菜农群体（下文中简称为"菜农"）的日常生产与生活。在北京郊区，菜农们主要来自山东省、河南省等地区，该群体产生于20世纪90年代，至今已延续20多年。北京菜农群体的生存轨迹与北京市都市化过程息息相关。在北京城市环形扩展过程中，菜农呈现出相应的从京内向京外迁移的态势。我们所调查的菜农群体，最早期在北京南三环附近耕作，后来逐渐向外迁徙，即从北京西南四环迁移到南六环附近。据我们的观察，菜农群体之后还有可能流动到其他地区（如搬入固安、廊坊、天津乃至回老家耕作）。在这种临时性和过渡性的流动过程中，菜农围绕着劳动、交换、家庭、人际和情感等方面展开了异样的实践。换言之，我们研究的"他者"一直在流动，这些他者也一直置换自身的他者世界，同时也经历着"过渡日常"。他们既受到市场经济和国家制度的双重影响，又要面对在流入异地耕作之后的地方性知识情境；他们不仅参与宏观的中国发展历程，而且在陌生社会的困境中经历着新的、具体的社会变迁体验。因此，基于对菜农的日常生产与生活的田野调查，我们提出了"过渡日常"的概念。所谓"过渡日常"，是指处在现代流动社会中的劳动者因各种原因（宏观、中观和微观层面）从家乡（户籍所在地）来到异地谋生，但其得不到在异地扎根的成员资格，在这种困境下，劳动者表现出一种临时性和过渡性的生产与生活状态。因此，本文试图结合有关菜农的具体田野材料来探讨"过渡日常"的分析框架，从而从整体上认识与把握流动社会中的"过渡日常"议题。

二、"过渡日常"的理论路径

（一）"过渡日常"的两个面向：日常生产与日常生活

继胡塞尔和海德格尔的"生活世界"观之后，舒茨将日常生活世界视为一个基础性的世界、一个主体间性的世界、一个文化世界和常识世界。（舒茨，2011:350）列斐伏尔不仅肯定日常生活的基础性地位，而且将日常生活作为一个总体性的批判视角。赫勒把日常生活看作是"那些同时使社会再生产成为可能的个体再生产要素的集合"。（赫勒，1990:3）有学者在借鉴舒茨的"主体间性日常生活观"的基础上指出，"日常生活世界是社会行动主体之间交往和相互理解的前提，是与历史相对的、发挥着奠基性作用的现实领域"。（康敏，2009:11—12）上述学者都强调日常生活世界的基础性作用，且把日常概化，从而为社会科学提供了一个总体分析视野。但是如果过度的概化，而不区别日常生产与日常生活的不同，这将在一定程度上弱化生产与生活的重要区别。在我们看来，在老百姓的日常安排中，是有相对的时空规划的。何时生活何时劳动，生活的时候如何兼顾劳动，劳动的时候如何兼顾点休闲，都需要在细节行动中展开细察。例如，对于本文中我们的研究对象来说，他们有时候会将生产与生活融为一体，说成是一辈子的"过日子"；但在具体的日子里，何时劳动、何时休息以及何时娱乐，他们经常区分得泾渭分明。生产与生活的混融，以及从生活中摆脱出来生产，完全是不一样的现实过程，更是不一样的分析视野。

单从"生产"的角度来看，相关的研究经典当属马克思的劳动生产理论。马克思构筑了一个总体呈现的生产与生活的分析体系，其中包括物质资料生产、人的生活、工具的使用与创新，以及人与社会的生产与再生产等内容，重点在于揭示生产与生活的相互关系。他关注到了生产与消费的内在逻辑关系，即劳动者利用自身能力和生产资料在生产产品的同时，也在消费着自身的能力和生产资料。除"生产的消费"之外，劳动者生产的产品还用于市场交换，实现产品向商品的转化。在此过程中，就商品生产与劳动的关系而言，商品的二重性（使用价值与交换价值）和劳动二重性（具体劳动和抽象劳动）具有紧密关系。"生产交换价值的劳动是抽象一般的和相同的劳动，而生产使用价值的劳动是具体的和特殊的劳动，它按照形式和材料分为无限多的不同的劳动方式。"（马克思、恩格斯，1998:24）总之，马克思的政治经济学提供了生产与生活的分析框架，既可以使二者区分，又可以使二者相连。这一框架并不排斥文化人类学的视角，尤其是在其价值理论之中，文化价值的多样性将会使得其更加复杂且充满张力。因此，我们应把日常生产与日常生活两方面共同作为"过渡日常"的整体面向。

本文中有一个比喻：本文研究的菜农的日常生产与生活，受政治、经济、社会和文化等因素的影响，表现出一种"近阈限"状态。"近阈限"是维克多·特纳提出的一个用于解释社会现象的分析概念，在这一阶段中，主体处于一种模棱两可的无结构的状态，没有地位、没有身份，从原有的社会结构中抽离了出去，在一种"反结构"的状态下进行生活。就菜农而言，他们正在经历着一种"无身份、无地位"的"近阈限耕作"（黄志辉，2010），这是他们在"过渡状态"中的不同寻常之处。"近阈限"阶段的时间期限是较为宽松与开放的，而不是转瞬即逝的。它不只是包含时间要素，还指涉空间、身份、情感、生计方式以及劳动组织等要素。在代耕阶段中，菜农的年龄集中在35—60岁之间，该年龄段是个体生命中具有充分活力、承担家庭责任与履行家庭义务的时期。相较于一生而言，这一特殊阶段可称为菜农人生的"阈限期"。在这种"阈限期"中，菜农在生产与生活方面均表现出不同以往的状态。就前者而言，他们在异地以一种外乡人的身份进行着一种代耕生产与临时生活，在逼仄的劳动空间中进行着"无季节性"的"无闲"劳作。此外，菜农群体与菜贩之间进行着"预支的"不对等的交换。菜农把蔬菜以"免押金"的方式提供给菜贩，等到菜贩在市场上出售完这些蔬菜后，菜农才可以从菜贩那里得到具体的资金收入。就后者来说，菜农的家庭形式表现为核心家庭或联合家庭的"异地化"，即子女在老家或其他地方上学或工作，而父母则在不同的外地工作。同时，菜农奔忙于劳动，其人际关系表现出一种"弱联系"状态，这种状态的产生是他们离开家乡农村社会的结果，在具有临时性的共同地缘与业缘的新条件下又很难产生强烈的共同体意识。但他们又极为关心家乡的生活，时刻操心子女的教育、婚姻与就业以及留在家乡的亲人，为子女的幸福和家庭的富裕在异乡奋力劳作。

总之，菜农的日常生产与生活具有一定的过渡性，这种过渡性表现在他们的劳动、交换、家庭、人际和情感等方面。我们以一种"近阈限"的过渡性视野分析现代工业社会中众多流动群体之一——代耕菜农的日常生产与生活，关注他们在过渡状态中的生产力与生活力，展现该群体特有的文化实践与精神气质。在日常生产方面，该群体的劳动与生产、交换与消费、工资与利润，以及在特定场域空间的生产关系，都有所不同。而在日常生活方面，我们应强调该群体的衣食住行、习俗信仰、社会关系和情感意义等内容，关注他们的"实然生活"，关注群体成员的价值观与人生意义。当我们把日常生产与日常生活赋予同等且分别的关注之后，这既可以为"总"的日常生活分析提供一种"分"的视野，也意味着政治经济学与文化人类学之间实现结合的可能性。这样，我们才有可能运用批判性的眼光审视现代流动社会中更大范围的整体性结构。

（二）"消遣经济"与"过渡经济"——不一样的社会生活心态

从经济分析的角度来说，"过渡日常"中的生产与生活，自然是一种过渡型经济，与费孝通先生所说的"消遣经济"迥然有别。如果说，费先生的"消遣经济"概念解释的是中国传统农村社会中老百姓的生活态度，那么"过渡经济"则是要分析大转型时代劳动者的真实处境。

费先生在总结云南禄村农民传统经济态度之前，首先说明"经济"概念本身的复杂性与相对性，指出它是相当于当时当地的人生态度，是一个反映人们生活心态的概念术语。费先生指出十九世纪以来的西方经济观是一种"如何以最少痛苦来换取最大快感的打算"的经济观。（费孝通、张之毅，2006:108）韦伯曾分析了西方社会在新教伦理精神鼓舞下的"禁欲经济"，即"通过禁欲的强制节约而导致资本形成。阻止收入的消费使用，必然促使收入可作生产利用，亦即用来投资"。（韦伯，2010:171）费先生从人本主义的立场对韦伯展开了批判，认为资本主义精神是一种非理性的和不以人为本的，但禄村存在一种不同于新教伦理指导下的以多劳动、多生产和少消费为荣的经济生活心态。"这种在节流方面的经济考虑以避免开源时所得忍受的痛苦，是我们传统经济中常见的态度。"（费孝通、张之毅，2006:110）"减少劳动、减少消费的结果，发生了闲暇。"（费孝通、张之毅，2006:112）闲暇满足了需要与欲望之间的平衡。费先生认为，"消遣经济"是一种不以痛苦为代价获得快感的经济态度，其核心是少劳作、少消费和有闲暇。其与"消费"的区别是，"消费是以消耗物资来获取快感的过程，消遣则不必消耗物资，所消耗不过是一些空闲的时间。"（费孝通、张之毅，2006:113）禄村人民的"消遣经济"的意义追求体现在公共活动和仪式方面，他们宁愿将自己绝大多数的收入消费在仪式、礼节和人情往来方面，而不是把资金用于再生产以荣耀上帝。

但是，费先生看到了中国乡村社会正在卷入全球化、现代化和城市化的大转变之中，倾向于过日子的"消遣经济"概念很显然不能充分解释当下的经验现象。本文关心的是菜农的"过渡经济"，其特点是多劳动、多生产、多交换、少消费、少闲暇和实践意义。与"消遣经济"不同，菜农视时间如金钱，他们每天起早贪黑地在菜棚里进行劳作，几乎没有节假日，既没有消遣的时间，也没有时间去消遣。在这种情况下，劳动与生产的时间吞噬着闲暇的时间，菜农唯一闲暇的时间段便是吃晚饭和睡觉的时候，这是他们身心消闲的时刻。他们的意义追求并不在于参与公共生活和仪式活动，而在于人生价值与意义的表达和实现，即子女的幸福与家庭的富裕。与"禁欲经济"不同，菜农虽然积累着资金，但更多的是为了子女幸福、家庭富裕以及光宗耀祖，而不是去荣耀上帝。他们的收入除了购置生产生活的必需品外，更多地用于实现人生价值与任务方面，如在家乡盖房，买房，买车，以及解决子女的上学、工作与婚姻问题等。总之，菜农的"过渡经济"心态是在"过渡日常"中形成的生产与生活心态，是一种调适具体处境与主观能动之间的社会生活心态。

三、"过渡日常"的方法维度与经验表达

（一）实践、策略与战术

实践、策略与战术等分析概念在当今人类学学科知识话语中具有很强的解释力。面对劳动者群体的具体处境时，我们需要解释他们的实践行动，以及他们如何运用具体的策略与战术。人类学界为我们提供概念资源的前辈不胜枚举，主要有布迪厄的"实践感"、塞托的"战术"、斯科特的"弱者的武器"等。

布迪厄认为，"实践活动在它合乎情理的情况下，也就是

说，是由直接适合场域内在倾向的习性产生的，是一种时间化行为，在这行为中，行动者通过对往昔的实际调动，对以客观潜在状态属于现时的未来的预测，而超越了当下"。（布迪厄，2007:151）实践主体凭借充分地调动旧有的可用于当前场域的惯习来获得一种没有策略性的策略。惯习的生成是"条件制约与特定的一类生存条件相结合"（布迪厄，2012:74）的结果，其因情景不同而发生转化，作为社会客观结构主观化的惯习在一定程度上指导着实践者在具体情境中的具体行为和实际行动。相较于布迪厄的"温和的"实践观而言，塞托认为被统治者或弱者只有战术而无战略，战略（策略）是统治者或强者的专属。"策略即行动，该行动受益于某个能力场所（特有场所的属性）的假设而建立了一些理论场所（全面的体系和话语），这些理论场所能够将对力量进行统筹安排的全部物质场所联系起来。……战术即方法，它因自己赋予时间——环境，介入的确切时刻使环境变成有利的形势；迅速，运动的迅速改变了空间的组织；关系，'计策'的连续时刻之间的关系；不同的时限和节奏可能的交错——的贴切而具有价值。"（赛托，2015:99）这种不占有专属空间的战术是运用时间来抵抗战略的。斯科特的"弱者的武器"在一定程度上支持和发展了塞托的"弱者的战术"。作为一种"隐藏的文本"，弱者的武器具有隐蔽性和模糊性，在强者的空间中进行着弱者的实践。这种实践的背后有一套象征意义体系作为支撑点。"生产不止是、而且也绝不是物质效用的实践逻辑。它是文化意图。"（萨林斯，2002:220）实践的文化意图引导着实践者的具体行为。菜农的日常生产与生活体现了实践、策略与战术的综合运用。因此，我们需要看到菜农在日常生产与生活中的不同场景中的具体实践行为，需要把握在"生产—交换"这一具有时空性的关系链条中菜农所采取的策略与战术以及需要理解在菜农的实践行为背后的象征法则和意义图景。

菜农在具体的劳动场景和生活情景中会采取不同的实践行为，运用不同的策略与战术。对于菜农来说，最频繁和最日常的事情便是劳动生产与市场交换。每户菜农一般租种4—6亩土地，利用简易的生产工具，通过夫妻共同劳作的方式，去种植与收割油菜和莜麦菜。菜农每天劳动13—18个小时，一天中的大部分时间是在菜棚里度过的。从选择菜籽到装筐的整个过程，菜农都施展着自己的策略与战术，而不是像塞托所言的弱者只有战术没有策略。菜农根据不同季节和市场需求选取不同菜籽，夏季时他们会用夏菜籽，春、秋和冬三季则用冬菜籽。他们把大棚土地分为不同的小块（24块、32块、36块）以便更好地经营与管理蔬菜。他们根据季节的变化来调整浇灌蔬菜的频率。在割菜和装筐过程中，菜农会处理好割菜时间与接筐数量之间的关系。他们会计划接多少个筐，从什么时候开始割菜，可以到天黑之前割完。他们边割菜边装筐，为了使菜在装筐时不受损，把蔬菜的菜头向外、菜叶向内摆置。

当他们与菜贩进行交易时，菜农便会使用塞托意义上的战术。在报菜价时，菜贩会先让菜农给出一个价格，如果菜农的出价低于当时的市场价格，菜贩则按菜农给出的菜价进行交易；如果菜农出价高于市场价格，菜贩则会和菜农商量价格，最后双方以较为合理的价格达成交易。这是一种存在时间差与空间距离的不对等交换。菜贩占据着市场交换的优势地位，在自己专有的交换空间中实施策略以降低与菜农的交易成本，而菜农则会运用塑造"良好形象"的自我呈现方法来与菜贩进行博弈，同时运用战术来呈碎片状地渗入进菜贩所专有的交换空间中，"这一战术无法整体地把握这个空间，也无法远离此空间"。（赛托，2015:39）

在"无闲的"劳动与"预支的"交换过程中，菜农的身体与心灵经历着不同的体验。生产的辛苦与劳累，交换的担心与喜悦，"行动的现实过程，总是包含身与心的互动。"（杨国荣，2013:20）这种身心互动不止于日常生产，也涉及日常生活。菜农在狭小而简易的居住空间中进行着饮食起居，一日三餐中，他们的早餐与午餐一般是从村里饭店购买食物后在菜棚里就食，其晚餐则是在租住房中自己做饭。在炎热的夏天里，他们以电风扇来散热与消暑；在寒冷的冬日里，他们以电热毯来抗寒与保温。菜农的身心体验交织着多种色彩，这体现在他们具体而多样的实践行为中。

（二）时间、空间与时空感

历史条件和现实因素共同形塑了时间和空间的具体形式，因情景不同和习性各异，个体的身心对时空的感受亦不同。这种感受在一定程度上徘徊在具体时间与空间的内与外。埃文思－普里查德根据非洲努尔人社会中人与自然、人与人的两种关系，将时间分为"生态时间"和"结构时间"（普理查德，2002:114），这一分类已涉及两种基本关系。张柠以此为基础并结合中国社会的具体境况，提出一种较新的时间分类方法，即生态时间、结构时间、节日时间、机械时间和心理时间。（张柠，2013:21）这一时间类型的细分可以使我们更加具体地认识多维时间。此外，中国社会还存在二十四节气、农历与公历等时间分类。这些不同的时间类型共同作用于人们的日常生产与生活。

菜农在生产与生活中对时间与空间的体验呈现为一种多层次复合式图景。在他们的日常交流中，我们可以发现他们对时间的多种表达，如：

我们一般在天还没亮的时候就起床了，一直干到天黑得啥都看不到为止。睡觉的时候都到十一点多了。

有些菜贩是头一天晚上下筐，第二天下午2点左右来拉菜，等到下次下筐时结上一次的账；有些菜贩是上午10点左右下筐，晚上8点左右来收菜，第二天上午10点左右再下筐并与菜农结前一天的账。

冷棚里的油菜从农历十月就开始长得慢下来了。

节气不同，菜的生长速度也不一样。

春节的时候，我们一般不回家，有些人会回去，但也待不了几天就过来了，一般会待到正月初五。

我们平时交流得很少，一般都在拉菜的时候交流、聊天。

平日里的言语内容涵括了多种时间表述，即一是根据地球自转规律呈现的白天与黑夜等自然时间，二是体现在钟表上的机械工业时间，三是菜农根据起床与完工、下筐与结账等具体标志行为来体察的时间，四是菜农和菜贩的交流以及菜农彼此之间的交流体验着"结构时间"，五是菜农根据二十四节气、农历等生态时间概念描述蔬菜的不同生长阶段，六是与春节等节假日相关的节日时间。这些时间中都含有菜农自身的感受与理解，含有一种心理时间的表达。总之，菜农经历着多重时间体验，既有机械性的工业时间、自然性的生态时间，又有关系性的结构时间、反实践的节日时间，同时还有身心体验的心理时间。（张柠，2013:21）

与时间相伴的空间亦呈现出多样性。列斐伏尔将空间视作一种可被开发、规划、使用和改造的具有生成性的事物，进而将空间分为三个层面：空间表征、空间实践和表征空间。他以城市空间为例说明在某一特定空间内人们如何践行社会活动和表达情感体验。福柯在对"规训与惩罚"等关键问题的探讨中将空间视为权力得以实施的场所，并指出空间具有区分社区生活形式的功能与意义。而塞托将空间视为一种被实践了的场所，使得空间中充满了权力结构与个体能动性之间的较量。

居住空间与工作空间的并置型棚户和租本地人房屋的租赁型住房等居住类型都影响着菜农具体实践行为。他们较为零散地居住在村内或村外，居住条件较为简陋，房内布置较为简单。他们早出晚归，往来于菜棚和住所之间，在菜棚里度过了大部分时间，剩余少许时间在居所中度过。菜农的休息居住空间、劳作生产空间、市场交换空间是三个不同的空间地点。连接三个空间的纽带是活生生的劳动者本人，他们通过使用三轮车等交通工具在三个空间地点中来回穿梭。菜农之间既彼此交流，又与菜贩交易，偶尔还与本地人交谈，这种社会关系也体现了三种空间场所的分布。由此，菜农产生了围绕大棚、房屋、道路、货车以及社会关系等具体的空间感。总之，菜农的时空感是在具体的劳动场景和实践图景中形成的，是在能动性与结构的共同作用下产生的，是在具体时间和空间中的一种个体性感受。

（三）情感体验与意义表达

在"抽象社会"（李猛，1999）的"无相支配"（黄志辉，2013）情境中，众多底层劳动者以各自的象征意义体系作为支撑点进行实践。菜农在异地劳动主要是以子女和整个家庭为意义中心的。对他们而言，"过日子"不仅是指涉自己的生产与生活，而且还涉及孩子的成长、成家与立业，以及光宗耀祖与庇荫子孙。"人正是在'过日子'过程中创造了现实生活并实现人生意义。"（陈辉，2015:191）为了子女幸福和家庭富裕，菜农进行着劳动生产和实现着人生意义，并把情感寄托在人生意义的实现过程中。在个体与外在命运的博弈过程中，他们实现着一种情感的反身性自觉。

对于菜农来说，子女的教育、工作和婚嫁是最为重要的事情。他们努力为子女创造良好的教育环境，以利于子女将来的求职。此外，对他们来说，子女结婚就是新家庭的建立，也是传宗接代的开始，更是他们生活的意义所在。相较于子女而言，"家"在菜农生活中占据着另一重要位置。何大娘认为，"儿子没结婚时，父母在哪，哪就是家；儿子结婚后，儿子在哪，哪就是家。"家的重心随着家庭中子女的成家立业或立业成家而发生位移。父母逐渐由全权负责过渡到边缘负责，最后到依靠子女；与此同时，子女的责任与义务也在相应地增加。在王叔的观念里，小家庭和大家庭都很重要，他既看重小家庭中的代际传承和子女的生活，又看重大家庭中的孝敬老人以及兄弟姐妹之间的亲情。家不只是包含现在活着的人，还包括已去世的祖先和未出生的子孙；不只是一种物理建筑空间，还是一种集姓氏、情感、意义、声誉、名望等于一身的复杂组织。除了家的人观意义外，家还有一个物质面向：房子。菜农非常重视房子，在家乡盖新房既是财力的象征，也是声誉的象征，更是文化意义的回归。

总之，"在一种文化形式中，人的内心情感体验落实到具体行为上，而作为行为的主体，活生生的人生存于丰厚的日常经验当中，因此，这种文化形式与生活方式以及生活心态构成了直接的关系。"（宋红娟，2016:136）当我们想去了解特定的个体或群体的情感体验时，我们便要把该个体或群体所属的文化形式、生产与生活方式以及社会生活心态联系起来进行综合描述、分析与解释。意义表达则要付诸于情感体验和在具体行为的基础上，围绕着子女、家庭以及祖先与后代而得到展示与呈现。

四、结论

本文尝试提出一种理解流动社会中"过渡日常"的总体分析框架，既涉及日常生产与日常生活，又关照"过渡经济"。日常生产指涉劳动与交换、资本与利润、生产与消费等内容，日常生活涉及衣食住行、习俗信仰、情感体验以及社会关系等内容。本文把日常生产与日常生活赋予同等重要的地位来综合研究"过渡日常"，探讨菜农在生产与生活的不同场景中的具体行动以及理解菜农行为背后的文化法则和意义图景。同时，本文也关注在"过渡日常"中劳动者的社会生活心态——"过渡经济"，是一种践行多劳动、多生产、多交换、少消费、少闲暇和实践意义的心态。此外，这一分析框架的具体经验表达主要集中在三个方面：实践、策略与战术；时间、空间与时空感；情感体验与意义表达。劳动者在具体时空情景中运用多样的实践、策略与战术，感受多重的时间、空间与时空感，以及呈现情感体验与意义表达。这些内容的展开都离不开劳动者自身的身心互动，以及个体与家庭、社会、国家和市场之间的互动关系。

京郊代耕菜农的"过渡日常"为我们呈现出了一幅不一样的"过日子"图景。以往的学者们较多地强调老百姓"过日子"的总体性视野，而在一定程度上忽视和淡化了"分"的视野。因此，我们可以结合"总"与"分"两种视野来看待老百姓如何"过日子"，运用一种"总—分—总"的阶段分析法研究"过日子"的文化奥秘，其中"分"的阶段可以运用政治经济学和文化人类学分别进行考察。这一分析法可以进一步发掘"过日子"的复杂性和综合性。在代耕阶段中，菜农形成了自己的日常状态，这种状态既不同于中国历史上的传统小农又有别于如今的本地村民。他们通过彼此之间的互动以及他们与菜贩等人群之间的交换来建构一种"有秩序而无形态"的社区，同时，这种社区受到更为开放的国家制度、市场经济和地方权力的形塑。正是在这种不确定的和临时性的情境中，菜农的行为与感受才愈显不寻常。他们基于"儿女、家庭及其所赋予的意义"这一主线在具体环境中进行实践活动。这一象征图式是菜农"过日子"的文化理性。在文化理性背后，便是实践行为的具体表现。他们在平日里的"无闲"劳动，对菜籽的精心挑选，对土地的有效利用，对大棚空间的充分扩展，对雨雪天的格外关注，对市场菜价消息的"灵通"，对专有空间和时间的充分把握，对菜筐里蔬菜的精心布置，与菜贩激烈的讨价还价，以及他们在逼仄而简单且没有取暖设备的租屋内居住，在菜棚里吃着"速餐"，等等，这些都是他们在生产、交换和生活方面实践行为的表达。他们的实践表达含有一种总体性倾向，即他们把布迪厄的实践策略、列斐伏尔的战略、塞托的战术和戈夫曼的自我呈现方式巧妙地结合了起来，且将四者共同用于实际的生产与生活中。在这种较为"艰苦的"岁月里，他们感受和体会着日月星辰的变化、工业魔力的作用、心理状态的起伏以及弥散权力的缠绕，这些始终共同影响着菜农的身心体验。这种体验使得菜农关注"我是谁？"这一涉及身份、归属与情感的问题。

　　与京郊代耕菜农的境遇相类似，中国社会中许多底层劳动者都经历着政治、经济、社会和文化等多重张力的形塑。中国社会进入改革开放时期后，人们的社会活动从封闭性的地域中抽离出来，市场经济和资本的力量在中国大地上日益显著，与此同时，在人地关系不协调的影响下，许多农村的青壮年群体为了生计而开始离开家乡来到异地谋生，他们或进工厂打工，或在农田上种植。这便是"农民工"和"代耕农"等流动群体产生的"势"。这既是中国社会转型中的一个侧面，也是中国社会转型的一个缩影。在这一转型过程中，由于受特殊的国家政策、市场资本和地方文化等多重作用力的影响，众多的中国底层劳动者的流动性呈现为一种"过渡状态"，他们经历着"过渡日常"，在劳动生产、市场交换、饮食起居、人际关系和情感体验等方面均发生了不同以往的变化。他们在特定的具体的时空条件下采取多种实践、策略与战术进行生产，把情感寄托在人生意义的实现过程中。"过渡经济"心态使得劳动者更多地参与生产与劳动，而较少进行消费与休闲，进而实现意义。同时，这种过渡状态也生成了不同群体进行社会结合的可能性因素，不论是原先社区中具有血缘和地缘关系的亲戚与老乡，还是当下因新地缘和业缘而产生的"弱联系"的新共同体，这些都是新的社会结合产生的可能条件。但是，劳动者的"过渡心态"和"弱信任"感则在一定程度上消弭了这种新的社会结合得以维持的念头。新的社会结合能否产生与持续存在的决定性因素是国家制度和市场资本，它们既共同助长了流动群体的产生与发展，又进一步形塑着该群体的"过渡日常"，然而，它们也是流动群体及其"过渡日常"泯灭的主导者。但是，我们不能就此而否定中国底层劳动者的能动性和"想象力"，他们对生产与日常生活有一套更为有效的运作逻辑，可以让"日子"过得更好。

在"过渡日常"中，劳动者在特定时空场域中进行劳动生产与日常生活，这种生产与生活"在广义上便表现为成就人自身与成就世界的过程"。（杨国荣，2013:193）劳动者通过具体实践行动既实现自身的再生产以及价值意义，为家庭贡献力量，为结构重新注入活力；又为处于全球化、现代化之中的中国社会乃至世界提供能量。因此，我们应该把处于过渡状态的劳动者视为在特定制度结构背景下产生的且同时改变着这种制度结构的过程和现象。而我们亟须回答的问题是：如何理解制度结构与现实经验之间的张力，如何探求更本质的平等问题，以及如何在更大层面来构筑嵌入式发展的美好社会。这些问题的解答，既需要我们长时间的田野调查以获取第一手资料，又要求我们实现跨学科合作研究。

参考文献：

陈辉:《过日子：农民的生活伦理——关中黄炎村日常生活叙事》，社会科学文献出版社，2015。

[德]马克思、[德]恩格斯:《马克思恩格斯全集》第13卷，中共中央马克思恩格斯列宁斯大林著作编译局编译，人民出版社，1998。

费孝通、张之毅:《云南三村》，社会科学文献出版社，2006。

[德]马克斯·韦伯:《新教伦理与资本主义精神》，康乐、简惠美译，广西师范大学出版社，2010。

［法］皮埃尔·布迪厄:《实践理性——关于行为理论》，谭立德译，生活·读书·新知三联书店，2007。

［法］皮埃尔·布迪厄:《实践感》，蒋梓骅译，译林出版社，2012。

［法］米歇尔·德·塞托:《日常生活实践 1：实践的艺术》，方琳琳、黄春柳译，南京大学出版社，2015。

［奥］阿尔弗雷德·舒茨:《社会实在问题》，霍桂桓译，浙江大学出版社，2011。

黄志辉:《无相支配：代耕农及其底层世界》，社会科学文献出版社，2013。

黄志辉:《自我生产政体："代耕农"及其"近阈限式耕作"》，《开放时代》2010 年第 12 期。

康敏:《"习以为常"之蔽——一个马来村庄日常生活的民族志》，北京大学出版社，2009。

［美］马歇尔·萨林斯:《文化与实践理性》，赵丙祥译，上海人民出版社，2002。

李猛:《论抽象社会》，《社会学研究》1999 年第 1 期。

宋红娟:《"心上"的日子——关于西和乞巧的情感人类学》，北京大学出版社，2016。

［匈］阿格妮丝·赫勒:《日常生活》，衣俊卿译，重庆出版社，1990。

杨国荣 :《人类行动与实践智慧》，生活·读书·新知三联书店，2013。

[英] 埃文思 - 普里查德 :《努尔人》，褚建芳、阎书昌、赵旭东译，华夏出版社，2002。

张柠 :《土地的黄昏 : 中国乡村经验的微观权力分析（修订版）》，中国人民大学出版社，2013。

机会成本的变更与代耕农生存境况的转换^①

麻博洋　黄志辉　苏世天

一、代耕农研究与土地机会成本的外部研究视角

20 世纪 70 年代末 80 年代初，珠三角地区作为中国改革开放的前沿阵地，迅速进入工业化的发展轨道。对珠三角地区的农民来说，家门口的工厂为他们提供了充足的就业机会，大量农民进入到工业体系从事工业生产，由此导致大片良田丢荒弃耕。对珠三角地区的农民来说，耕种土地以及土地上承载的赋税任务，已成为他们沉重的包袱。为减轻土地上承

①　本文曾发表于 2014 年《广西民族研究》第 5 期。收入本书时内容有更改与微调。麻博洋，杜克大学在读博士研究生；苏世天，中山大学在读博士研究生。注：本文发表时，黄志辉参与了文章的局部修改，是文章的第二作者。但发表前的原文中有些内容主要是麻博洋、苏世天试图与黄志辉展开对话，并拓展黄志辉的相关观点。收入本书时恢复了发表前的一些表述。

载的赋税任务，珠三角地区的一些生产队积极招徕外部劳动力来代耕农田，以转嫁沉重的农业生产任务。珠三角地区肥沃的农田和相对发达的经济条件，深深吸引了那些挣扎在生存边缘的山区农民。在这种情况下，粤西、粤北以及广西、云南等贫困山区的农民纷纷进入珠三角地区，代耕当地村民的田地。代耕农群体与当地生产队商定权利和义务，签订了代耕契约。代耕关系确立之后，一些来自偏远山区的农民便开始了异乡的代耕生活。而对珠三角当地村民来说，在他们历经长久生活而形成的"乡村共同体"中又多了一群熟悉的陌生人。

随着珠三角地区经济社会的快速发展，特别是土地价值的不断上升，代耕农与当地村民之间的地权之争愈演愈烈。珠三角地区的代耕农问题也引起了诸多学者的关注。黄晓星等人（2010）曾指出，代耕农在制度与市场的双重结构制约下被边缘化，并借助"双重边缘性"的概念来分析代耕农在被制度与市场边缘化后的个体生活策略。陈海真等人（2007）把代耕农现象视作一种"新型的土地租佃关系"，他们还从代耕农的迁入地与迁出地之间的生活成本与劳动收益的比较来探求该群体代耕的原因。实际上，代耕农问题涉及宏观的政治经济体制与微观的村落成员资格等多方面因素，而不能将其看作是一种简单的租佃关系。代耕农社区可以说是一种特

殊的移民社区，杨小柳、史维（2011）将代耕农的社会空间
视为"都市化带来的空间生产异化的产物"。黄志辉（2010）
通过展示代耕菜农的劳动现场与劳动过程，揭示了这一类
代耕农的生产方式与整个"世界工厂"生产体系之间的关
系。他认为代耕农是工业化和市场化的产物。代耕农群体处
于多种力量的支配之下，但这些力量已被抽象化为制度性的
规则或市场生产体系等抽象的、"无面孔的支配"。（黄志辉，
2013）代耕农群体虽然遭遇诸多不公与不正，但却处于一种
无法维权的生存状态。此外，一些学者对代耕农群体的社会
保障、流动状况、土地政策进行了调查研究。

在其《无相支配："代耕农"及其底层世界》一书中，黄
志辉用人类学民族志的方式，同时展现了两种代耕农的历史
生成过程、外部支配系统的变化，以及其相应的反抗方式、
生存智慧。在另一篇论文中，黄志辉、麻国庆（2011）详细
地展示了中山市板芙镇新一队的代耕粮农在过去三十年中生
存境况的转变。虽然这些研究材料丰富、视角独特，但是仍
然忽略了从代耕粮农的外部视角去分析该群体。所谓外部视
角，是指从当地人、基层政府以及工厂主等视角来观察代耕
农生存境况的转变。黄志辉确实注意到了土地与代耕农群体
自身不是孤立的，二者都处于一个更大的社会整体之中。例
如，他指出了一种"土地的阶梯式代耕"——在这种代耕的

形式下，"中心地区的土地与劳动力的农业生产任务，被转交给边缘地区的土地与劳动力，而边缘地区的任务又转交给更为边缘的土地与劳动群体来完成……来自粤北、粤西以及粤东山区的农民代耕珠三角已经"洗脚上田"的农民的土地；而边缘山区农民的土地也在发生流转，例如，粤北清远地区的汉族流动至珠三角寻求生存，而山上的"瑶胞"又下山补充汉族农民留下来的劳动空白。（黄志辉，2013:47）这种"阶梯式代耕"只是揭示了劳动者的联合，却没有揭示"劳动者"之外的群体如何决策、如何选择，以至于改变了劳动者自身的生存境况。黄志辉等人也指出了土地利益的变化是当地人与代耕农之间矛盾的根源之一，本文作者在这一点上完全赞同黄志辉博士的观点，但是相较于土地利益的变化，笔者更偏向于使用"土地机会成本"的变化来分析当地人与代耕农之间的关系。

马林诺夫斯基（2005:154）曾指出："土地的占用不仅是一种法律体系，也是一个经济事实"，"你必须首先知道人类是怎么样使用他的土地；怎样使得民间传说、信仰和神秘的价值围绕着土地问题起伏变化；为土地而斗争，并保卫它；懂得了这一切之后，你才能领悟那规定人与土地关系的法律权利和习惯权利体系。"可以说，要理解代耕农群体的生存境遇，首先要理解中国的土地以及土地制度。代耕农群体的遭遇在代耕的始末经历了戏剧性的转变，从经济学的角度看，这种转变过程与土地上承载的价值和机会成本不无关系。所谓机会成本，是指为了得到某种东西而所要放弃另一些东西的最大价值，其实质是选择的代价，是一种选择性成本。利用这个概念，我们可以扩展黄志辉的土地利益概念，并追问是谁在掌握土地用途变更的机会与权力？谁在付出代价？机会成本的概念可以帮助我们了解当地人为何会对经济行为进行最优化的选择。例如，在改革开放早期，对于珠三角的本地人来讲，他们既可以将自己的劳动力投入到工业领域，又可以将劳动力投入到农业生产上，但是如果选择自己耕田，则要放弃进入工厂工作将获得的收入，这个收入便是当地人从事农业活动的机会成本。而当进入 20 世纪 90 年代之后，当地人肯定会力求收回土地，以更高价格卖给能够承担更多地租的人；虽然当地人对 80 年代的契约内容有所不尊重，但是对于"理性人"来说，他们必定会设法完成土地转换的理性选择。代耕农生存境况发生改变，正是当地人通过转嫁自己的机会成本，将自己的机会成本外部化——将本来应当由自己承担的机会成本转嫁给代耕农承担，从而这种由选择导致的外部效应彻底改变了代耕农的生活。除此之外，笔者还要强调，机会成本不是一个常量，而是一个随着历史进程而不断波动的变量。在 20 世纪 80 年代将土地承包给代耕农的机会成本，与现在的机会成本不可同日而语，而这种机会成本的变化正是中山本地人与代耕农之间围绕土地冲突的根源。代耕农群体是社会经济体系中的弱者，当资源的所有者依照最大化资源利用效率的原则改变资源利用方式时，作为这种转变的"牺牲者"，其生活必受到巨大的冲击与改变。

塞缪尔·波普金在其著作《理性的小农》中阐述了"理性小农"的观点。他认为，小农的农场最适宜用资本主义的公司来比拟，而小农作为行动者可以比拟市场上的投资者。小农是一个能够在权衡长、短期利益之后，以追求最大利益为目标做出合理选择的人。（Popkin，1979:31）从这一点上，广东省中山市板芙镇的农民们完美印证了具有"经济理性"的"理性小农"的观点，然而代耕农的生存境遇却在当地农民这种"经济理性"的决策中，遭遇到了巨大的冲击与转变。其原因在于不同于珠三角农民，作为"外来户"的代耕农并不具有土地的产权，因而并不具备上文所提到的选择土地利用方式的权利。相反，他们成了当地人"理性选择"的牺牲品与被动接受者。换句话说，代耕农生存境况的弱化正是当地人对土地完成"理性"转换而带来的外部效应。本文希望以经济学中的机会成本和外部效应理论，分析当地人面对土地机会成本变化时的经济行为，以及这种行为对代耕农所造成的后果，从根本上解析代耕农的土地问题。

二、从迁入到嵌入

当 20 世纪 80 年代经随着改革开放首先在广东省开展，大批的工厂在广东建立起来，大量的广东农民"洗脚上田"进入工厂工作。农业劳动力进入到工业领域工作，这本是工业化进程中的必然趋势，然而在那个以计划经济为主导、市场经济开始孕育的时代，缴纳公粮作为一项国家任务又不得不使广东珠三角的农民们直面农业生产的压力。因此，对于珠三角当时的劳动者而言，进行农业生产具有极高的机会成本，因为如果为了完成国家的农业生产任务，他们就不得不放弃打工或经商的收入，而当时进入工厂工作所取得的收入无疑要远高于农业生产。

从 1979 年开始，为了解脱农业的束缚，弥补完成农业生产任务所要付出的巨大的机会成本，当地人通过各种手段吸引外地劳动力来耕种土地并完成农业生产任务，二者签订耕作契约，商定权利和义务。代耕农就是这样一种外来劳动群体。

以我们的调研点——中山板芙镇白溪村为例，在 20 世纪 80 年代，白溪村招纳的代耕农足以构建一个新的生产队，名曰"新一队"，黄志辉博士曾经详细地记载了这个生产队的历史过程。由于信宜、罗定等地区属于广东西部贫困山区，在当时人均耕地不足 0.2 亩，而珠三角一带人均耕地至少在两亩左右。因而罗定、信宜的农民为了追求更好的生活来到了中山板芙镇白溪村，加入了"新一队"，为当地人从事粮食生产建设。由此，广东珠三角的农民们借由代耕农解决了向国家交公粮的粮食生产问题，同时解决了从事工业生产所必须要克服的机会成本。更为关键的是，当地人在克服其高昂机会成本问题的同时，产生了新一队代耕农群体这一外部效应。从当时的历史情境看，这种外部效应是较为正面、积极的。当地人和代耕农各自的选择构成了一种双赢的局面。

代耕农迁入当地之后，在最初十年，随着经济生产和社会互动的展开，他们与当地社会之间实现了波兰尼所说的"嵌入"状态。从经济层面上讲，随着代耕农所耕种的土地越来越多，他们与当地的联系也越来越紧密。新一队所耕种的土地，最初为 70 亩，其后，板芙公社和白溪大队再拨给 150 亩，共 220 亩。再加上当地白溪人弃农就工、弃农就商的日多一日，土地丢荒弃种的也日多一日。在此情况之下，白溪大队便指令新一队队长继续四处招收外来人入队，以耕作其大队的荒田。"以现残存的新一队《各户耕地面积计征数》所载：1986 年为 29 户，总面积 200.13 亩；1989 年为 113 户，总面积 516.75 亩；1990 年全队为 127 户，总面积 559.54 亩；
1991 年为 131 户，总面积为 581.01 亩。"（黄志辉，2013）耕
种土地的增加意味着代耕农与当地在经济上的联系日益紧密，
而也是由此，代耕农逐渐把自己看成了当地人，履行对当地
的各种义务，逐渐"嵌入"到了当地。

　　这种"代耕"的生产模式，其实质也是一种在市场化条
件下土地所有权的交易问题。从大陆法系来说，所有权是所
有人依法对自己财产所享有的占有，包括对于该财产的占有
权、使用权、收益权、处分权。从土地使用权的角度来说，
珠三角本地农民无疑拥有土地的所有权，但是为了解决如上
所说的粮食生产任务的机会成本问题，当地农民向代耕农们
让渡了土地的使用权。这就使得"代耕农"们得以在原本不
属于自己的土地上耕作，并享有除去"公购粮"外所有的土
地产出。这种"使用权"的交易，不仅为当地人创造了经济
价值，更重要的是解决了在工业化初期工业生产与农业生产
对劳动力需求之间的矛盾。

　　中山板芙镇人通过让渡土地使用权，吸引外来劳动力来
本地务农，使自己脱离土地的束缚，为当地的工业化提供了
充足的劳动力供给。而被吸引来的代耕农们得以在原本不属
于自己的土地上耕作，延续其生存。这从表面上看是一举两
得、互惠互利的合作方式，然而其合作是建立在一个简单的

前提下，那便是从事农业生产的机会成本要高于从事其他行业的机会成本，唯有此，当地人才愿意停止耕作，将土地的使用权让渡给代耕农。这种合作的本质从经济学来说实际上是一种机会成本的转嫁，当地人将本来应当由自己承担的机会成本转嫁给了代耕农，从而得以解除土地的束缚，追求具有更高效率的生产方式。

三、工业化、机会成本的变更与代耕农生存境况的转换

然而显而易见的是，在市场经济蓬勃发展的珠三角地区，这种合作前提是极为脆弱的。因为随着经济的发展，土地的价格在不断提升。土地价格的提升一方面表现在土地产出的迅速增长，另一方面表现在土地作为一种稀缺的生产资料，由其有限的供给与不断增长的需求所导致的价格的迅速攀升。随着土地价格飙升，原本许诺给代耕农的土地被当地人以各种借口大面积地收回，并且几乎所有耕地都是在当初协议好的承包期之前就被违约收回。这种不道德的"理性"违约行为固然值得谴责，代耕农也有理由对此埋怨在心，然而这种违约行为又从侧面反映出当地人面对机会成本上涨时的迫切心情。

表 1 新一队几块土地被收回的情况

土地位置名称	面积	耕作始年份	收回年份	承包期限	当时收回用途	收回者
东兼围	32.4亩	1979	1988	1986-1998	渔业养殖出租	本地人
猪寮门	16亩	1979	1990	1986-1998	建厂	镇政府
太平环	22亩	1979	1991	1986-1998	建厂	镇政府
新村（北）	30亩	1984	1991	1986-1998	建厂	村委
东拈围	60亩	1984	1992	1986-1998	建厂	村委
新村（南）	93亩	1984	1995	1986-1998	果园种植出租	本地人

资料来源：
黄志辉：《无相支配："代耕农"及其底层世界》，社会科学文献出版社，2013。

笔者认为，当地人收回土地的行为在很大程度上取决于当地人考量机会成本后的理性选择（见表 1）。我们可以看到，土地被收回后主要有两种用途，其一是继续利用土地进行农业生产，其产品变为了经济效益更高的经济作物与家禽家畜。其二是改变土地的利用方式，将原本的农业生产用地改为了工厂用地。这两种用途的变化分别对应了当地人对于两种机会成本变化的考量，即土地产出的机会成本与土地本身的机会成本。我们可以从以下两个方面解释这一问题。

（一）土地产出的增长导致机会成本的变化夺走代耕农的土地

对于当地人而言，引入代耕农一方面意味着自己可以脱离农业税的束缚，转而安心进入工厂工作，以获取更高的报酬；然而另一方面意味着自己放弃了农业的收入，除了每年可以由代耕农代缴农业税外，自己并无法获得承包给代耕农的土地产出。随着经济的发展，当地人由此需要承担的机会成本也日益增高。由于代耕农主要种植粮食作物，每年为当地人缴纳实物的农业税。因而对于当地人而言，代耕农种粮为他们提供的经济价值基本上是固定的，即为固定农业税的数量。随着经济的发展，不仅土地价值日益提升，来自工厂与城市对于农产品的需求越来越多。日益增长的工业与城市人口不仅需要粮食，更需要水果、蔬菜等经济作物与鸡鸭鱼肉等禽畜产品。因而实际上种植经济作物、养殖家畜的收入要高于普通的粮食作物。因此随着需求的不断扩大，当地人需要负担的机会成本（即当地人将土地承包给种植蔬菜水果等经济作物的承包者所获得的收益）越来越多。为了追求更高的经济价值，当地人自然不会对于这种机会成本视而不见。

当这个机会成本高到让当地人难以承受时，他们自然会希望通过改变土地的利用方式，来获得更多的收入以降低将土地承包给代耕农的机会成本。

例如 1988 年，白溪管理区收去当地农科站 32.4 亩耕地改作鱼塘出租给中山市横栏镇人养鱼，而新村门口的 93 亩耕地原本作为代耕农的口粮地，也在 1992 年被当地政府收回，出租给江门人种植葡萄直至今日。于是我们看到大批的鱼塘、果园在当地建立起来，而原来的粮田大面积地消失。这是一种当地人对于土地产出的理性选择。然而这种"理性"却在极大程度上伤害了代耕农的利益，原本属于自己的田地被收回，这对于这些"离乡不离土"的传统农民而言无疑失去了最大的生活保障。

我们看到土地产出的机会成本的变化导致了农业产品的转变。这种变化到今天又有着新的趋势。在我们的调查中发现，当地原有的小农经济开始向规模化的种植园经济进行转变。通过我们在板芙镇里溪村的调研所见，不仅镇中大部分的土地都已不再种植粮食作物，转而生产蔬菜水果等经济作物，与此同时，传统的一家一户的小农经济也被规模化的种植园经济取代。2008 年黄志辉博士在此地做田野调查时，此地尚有外地来这里承包土地的代耕菜农 84 户，然而当我们在 2013 年重新回到当地调研时，代耕菜农的数量已经减少到仅剩 4 户，代耕菜农在如此短的时间内数量锐减反映出了土地的机会成本在这段时间内的急速提升，其具体的表现形式在于土地承包费用的迅速攀升。当地一亩土地的承包价格由 2008 年的 650 元攀升到 2013 年的 2300 元。土地价格的上涨反映出当地人对于土地机会成本的估算。为了弥补这项机会成本，当地人唯有选择经济效益更高的产业来当地进行投资，并对其进行土地转让。因为只有这样的产业，才有能力向他们支付更高的土地承包价格，而当地人才能弥补由机会成本所带来的损失。从 2008 年至 2013 年土地承包价格与代耕菜农数量的变化，从中可以明显看出二者的逆相关性（见表 2）。

表 2　2008 年至 2013 年板芙镇土地承包价格与代耕菜农数量的变化

价格与数量	2008 年	2013 年
每亩土地承包价格	650 元	2300 元
代耕菜农数量	84 户	4 户

现在走在里溪村里，曾经的水田早已消失，取而代之的是占地百亩的杧果园、葡萄园，而就在里溪村背后，成片的经济林铺满了两座山头。黄志辉博士曾重点调查的代耕菜农以及他们所承包的土地大部分消失在了这样的具有规模的经济种植园农业中（见表 3）。

表3 里溪村农业占地面积以及所占比重

农业土地利用方式	占地面积	占总面积比重
蔬菜作物	604 亩	63.8%
水稻	65 亩	6.9%
花木地	227 亩	24.0%
鱼塘	50 亩	5.3%
总面积	946 亩	——

这种经济效益更高的种植园农业，以其规模效应，在很大程度上挤压了代耕农的生存空间，大量的代耕菜农因此在结束原有的承包期后，或搬离此地前往广东的其他地区另寻耕地，或是返回老家。传统耕作方式向种植园经济的转变是土地利用市场化的产物。在市场经济的大潮下，趋利的天性引导着人们追求经济效益更高的生产方式，对当地人而言，代耕农无法在市场经济中为当地人创造更多的价值，因而其实际上成了弱肉强食的市场经济的受害者和被抛弃者。

换言之，在某种意义上，代耕农是在传统农业向现代农业转型过程中被淘汰的群体。他们保有土地的前提在于为当地人代缴农业税，而当 2005 年农业税取消后，对当地人而言，代耕农们便完全失去了在当地存在的理由。其本身小农经济低效的生产方式也难以与新兴的种植园与工业经济相匹敌。因而他们难以通过自身的经济力量来保住土地的使用权，因此我们看到代耕粮农所耕种的土地最后全部被当地村民以各种手段与借口所收回。而通过承包土地进行生产的代耕菜农数量也在不断减少。与此同时，大量的工厂在过去的农田上建立起来，占地面积数百亩的种植园也如一只巨大的野兽吞噬着原本由代耕农们所耕种的土地。在这种经济力量的博弈之中，代耕农既是失败的一方，也是被当地人所抛弃的一方。

自从20世纪90年代新一队与当地人因为土地问题而反目，代耕农在当地的发展也受到限制。在冲突的初期其表现方式主要有两种：首先是不为代耕农们上户口，不将其纳入当地的行政管理体系，这样代耕农们在教育、医疗、社保等多个方面都无法享受到与当地人同样的待遇，当地政府期望通过这种手段迫使代耕农们知难而退，早日离开中山市板芙镇；其次，在不接纳代耕农们进入行政体系的同时，当地又通过行政力量对代耕农们的生活做出多方面的限制——无论是建房还是经商，代耕农们基本得不到当地政府的任何行政审批，甚至根本无法进入当地的行政审批程序。

以我们所采访张大哥一家为例。其本人于1984年从罗定来到中山，并分得了7亩的田地。这对于一个曾经连温饱都成问题的罗定人来说简直是难以想象的好条件。张大哥向我们介绍说："以前在罗定水田少，不够吃，有时候连晚饭都吃不上，要三个晚上才能吃上一顿晚饭。来到中山虽然离家远了，但是至少天天有饭吃。"中山的田地自然不是给罗定人白种的。实际上张大哥每年要替当地缴纳两次公粮，每亩地一次要缴纳四五百斤，这相当于张大哥一半的收入。但是张大哥依然觉得很公道，因为即使在这样的条件下，自己的生活还是要比老家好上太多。于是在自己来中山一年后，张大哥又把自己的堂兄弟等四五家人一起叫来中山，为当地人代耕。然而就如上文所提到的，随着土地产出的机会成本不断上涨，当地人最终在 90 年代收回了他们的土地，承包给外地人种葡萄。虽然感到愤慨，但是张大哥为了生活只能在脱离土地后另谋出路。因为靠近工厂，来往的人流量大，他在自己建的房子旁边开了一家小卖部，希望做做小生意来养家糊口。但是张大哥多次前往当地工商部门办理工商证却时却都吃了闭门羹，当地工商部门不予办理。张大哥一气之下干脆无证开业。因为靠近工厂，工厂的工人们在休息时都会从工厂围墙缝隙中伸出手来购买烟、酒、水果等，小卖部的经营还算说得过去。但是张大哥总要很警惕地观察周围的环境，如果有类似于工商、城管等部门的人在附近，他便马上放下卷闸门，关门停业。

张大哥的这种生活状态不是"新一队"的特例，相反，绝大多数"新一队"的代耕农们都处于这样的一种生活状态之中，既被剥夺了土地，同时又被当地人与当地政府"选择性"地无视。这种"无视"正是一种代耕农由"嵌入"向"脱嵌"的转变，其自身"内部人"的身份逐渐被当地"外部化"。代耕农的"脱嵌"正如我们上文所论述的，源自当地人追求最小化机会成本、最大化自身利益的"理性"动机，然而当地人的这种"理性"选择却逼迫代耕农们被动地"脱嵌"于他们所生活与奉献的家园。可以说在缺少道德约束与契约精神的前提下，处于被支配地位的代耕农成了处于支配地位的当地人"理性选择"的牺牲者。

（二）土地价格上升导致机会成本发生变化，最后导致代耕农失去土地

随着工业化、城市化的不断深入，土地本身的价值也在不断增加。1992 年，国家推动市场经济战略后，板芙镇的工业规模迅速扩大，仅仅在 1992 年，板芙镇工厂数量增加了200 余家，其工厂总数达到了500 家。如此迅速、大规模的工业化进程导致了土地价值的飙升，随着大量的农业用地转变为了工业用地，代耕农的土地逐渐成了当地人眼中的"唐僧肉"。于是我们看到"新一队"从 1990 年至 1992 年所有被当地人收走的土地多达一百余亩，全部被用于工厂的建设。1990 年初，当地人收去猪寮门土地 22 亩，建起了成都印花

厂、利丹制衣厂、富溢一厂、风建机四厂等四间厂房。1991
年，当地人又收走了新村土地 30 亩，建起了诺正厂，除此之
外还收去与之相接邻的土地 90 亩，建设了富溢四厂。而这些
都是代耕农所耕种过的土地。

对于当地人来说，"工厂热"背后的土地工业化行为，其
实也是一种基于自身利益最大化的理性选择。就当地人而言，
出售土地是一项克服土地机会成本的绝佳手段。被出售的土
地不仅仅可以为他们带来每年每人数千元的土地出让补偿，
更多的就业机会，同时还带来了数量巨大的外地农民工消费
群体。当地人通过建设出租屋、经营饭馆和商店，在工厂周
围形成了一个工业人口的生活圈。巨大的消费需求拉动了当
地经济，当地村民的生活富足安逸，可以说早已跨越了"小
康"生活。以我们的房东——当地人欧叔为例，他现在不仅
拥有一片 5 亩左右的耕地和一座有百余头猪的养殖场，在村
子里还盖起了一座五层小楼，除顶楼用于自家居住外，其他
四层全部出租给来这里打工的外地劳工，客满的时候，一个
月租金就可以收 7000 元，富裕程度可见一斑。

然而对于那些依赖于土地维持生计的代耕农来讲，迅速
的工业化进程掠夺了他们的土地，由于没有土地的所有权，
代耕农们也拿不到土地出让金。为了谋生，代耕农们只能被
迫地"卷入"到这个发展迅速的工业体系中，他们或是进入

工厂工作，或是经营小卖部。由于缺少资金，他们无法像当地人那样建起五六层的小楼来出租，而只能将自己原本就破旧的房屋分割成数个更小的房间出租给外来务工人员，收取微薄的租金。

当地的代耕农黄叔，因为年纪大没有办法外出打工而赋闲在家，他们家将自己的一幢二层小楼分成了十间左右的出租屋，最小的出租屋不到 5 平方米。除了儿子在外打工的收入，这些廉租屋的租金是家里唯一的经济来源。黄叔的孙子今年刚刚考上当地的技校，一个学期的学费要五千多块钱。而最近的经济环境并不好，来家里租屋的工人越来越少，黄叔很难负担孙子的教育费用。家里还曾一度想让孙子辍学出去打工，来补贴家用。孙子也很懂事，在中考完的假期里就到附近的工厂上班，挣些微薄的工资来替家里分担生活的压力。虽然最后在克服了各种困难后，孙子成功上了技校，但是黄叔一家人的生活负担却更加沉重。

黄叔的例子反映出代耕农逐渐成了工业化以及当地人出售土地的外部负面成本，他们不具备售卖土地的资格，也没有主动参与决策工业化进程的资格。当然，工业化的外部环境也给代耕农带来了一点好处，例如代耕农们可以通过到工厂打工、做些小生意来增加家庭收入，但是这都是微不足道的。代耕农失去了最稳定的保障，并且是在没有任何参与的前提下失去的。此外，工业化所带来的工作机会又经常受到市场波动的影响。例如由于 2008 年的金融危机导致外需乏力，广东省的工厂大规模停业，致使当地的外地工人大规模流失，代耕农的就业、生存等方面受到了极大的负面影响。这种由外在环境所引起的收入波动加大了代耕农们的生存压力。除此之外，由于当地人不允许代耕农入户，或者根本是"假入户"（即只允许父母入户而不允许孩子入户），因此代耕农们根本无法享受到工厂的土地转让补偿。这就更使得代耕农们在失去土地后的生活步履艰难。

同步的城市化进程也极大地拉高了土地的价格。实际上，仅仅在新一队方圆五公里内就有两个大的楼盘，一个是占地 22 万平方米的"银华花园"，另一个是占地 30 万平方米的"金澳华庭"。两座富丽堂皇的楼盘，价格是极为高昂的。以离"新一队"最近的银华花园为例，其建筑面积 22 万平方米，一期楼房在 2011 年底开始交付使用。现在那里的平均房价接近 3600 元一平方米，这对于仅仅是一个乡镇级别的板芙来说，无疑是一个很高的价格。房地产开发的高利润刺激着板芙当地人土地出让的神经，实际上房地产开发的土地出让金要远高于工业的土地出让金。来自 2010 年中山市土地招标拍卖办公室的信息显示，2010 年，一块商业用地的土地出让价格高达 800000 元／亩，而一块工业用地的出让价格仅为 256005

元 / 亩。在如此高昂利润的刺激下，当地人自然愿意出让土地，以获得这笔巨额的收入。

试想，如果当地人在这些工业化与城市化的"化"学过程中不收回代耕农的土地，而是继续允许他们在这里耕作，当地定然无法获得这样跨越式的发展，当地人在心理与物质层面上要付出多少的代价与损失，而这些代价可能正是他们所需要承担的机会成本。因此为了解决这个机会成本，当地人违约收回土地，在某种程度上却也无可厚非。然而代耕农却成了在工业化与城市化进程中的牺牲品。

在 20 世纪 80 年代至 90 年代即当地工业化的初期，代耕农们进入当地替当地人进行农业生产，缴纳公粮，而到了工业化的跨越式发展阶段，自己的土地却被当地人无情无义地收走。对于代耕农来讲，他们为中山市的发展做出了自己的贡献，而如今他们却无法享受发展所带来的成果。这无疑是一段既可悲又讽刺的故事。可以说，代耕农掉进了传统与现代、小农经济与工业经济之间的间隙里，在一定程度上成了时代的牺牲品。

四、结论

20世纪80年代，代耕农自身已经部分地"嵌入"进了当地社区，获得了一些作为当地人的生存主体性。但这种"嵌入"，是建立在计划经济与市场经济双轨运行的时代情境里。当工业化大行其道、国家粮食税取消之后，代耕农的"嵌入"前提便消失了。由于没有获得完整的土地权利，他们在土地的工业化过程，完全没有话语权。

代耕农失语的原因，是因为他们几乎是处于土地工业化决策的"外部"情境中的。如果说在"嵌入"的状态下，代耕农还可以对土地的变更、转换做出一定的决策权，那么在"脱嵌"的状态下，代耕农无法参与任何决策。这种"脱嵌"，是与本地人之间在政治、经济、社会、文化等层面发生了全面的断绝——相对于当地人这个"内部"群体来说，代耕农身处"外部"。内部的任何理性或非理性决策，若在代耕农群体身上产生了影响，那也只是一种"外部效应"。

机会成本的内涵是会随时代而发生变化的。计划经济、双轨经济、工业经济等不同经济体制下的土地，其机会成本是不同的。相应的，对于本地人来说，在不同时代，土地的机会成本不同，其外部效应也有所不同。在早期，代耕农的存在，是作为当地人的积极外部效应而出现的，因为代耕农当时为当地人纳粮耕田，将后者从土地的束缚中解放了出来。而当工业化、城市化进入纵深时期，代耕农作为一种要争取权益、保障的群体，自然会与当地人之间产生利益上的冲突、纠纷，因而，积极、正面的外部性自然变成了消极、负面的外部性，"脱嵌"也由此产生。

在任何社会环境中，尤其是在市场经济中，人们普遍追求最高的资源利用效率，实现自身最大的利益，似乎无可厚非，因而当地人也无法对于土地机会成本的上升而坐视不管。然而这种利益最大化的行动应该是在尊重契约、尊重人性的前提下展开的。如果说代耕农是当地人的外部人，那么，对于同一市场体系、同一个国家的成员来说，他们同样都是内部成员。我们应在考虑代耕农与当地人各自面对土地的权利差异的同时，看到并尊重历史过程中的契约，反思应该如何促进共同作为国家内部成员的平等权利。

在中共中央十八届三中全会上，党中央对农村改革做出了全面部署，明确提出赋予农民更多权力和利益，推进城乡一体化发展。其中"赋予农民更多财产权利；赋予农民对承包地占有、使用、收益、流转，及承包经营权抵押、担保权能；赋予农民对集体资产股份占有、收益、有偿退出及抵押、担保、继承权"。这三个"赋予"更是成为深化农村经济改革的重中之重。

这种权利的赋予在经济学上可以被称为一种经济禀赋的赋予。就如在本文中提到的珠三角本地农民，因为具有土地所有权这种经济禀赋而在市场经济改革的大潮中具有得天独厚的优势，他们顺应市场的潮流乘势而起，获得了巨大的经济利益。但是需要指出的是，当地经济的崛起不仅仅是依靠自身的禀赋优势，"代耕"这种经济合作模式也同样扮演了重要的角色，为当地经济的崛起做出了巨大贡献。

值得反思的是在珠三角农村发展的过程当中，代耕农作为本地农民经济活动的内部成员，却在珠三角经济腾飞的过程中逐渐被外部化，不但无法分享发展的成果，还被当地人禁锢住了未来的发展，从而导致了尖锐的社会矛盾，与代耕农"无法维权"的现状。究其原因，代耕农的诞生本身就是不公平的。在发展的过程中掌握土地变更机会与权力的是当地农民。作为机会成本的被动承担者，代耕农对于当地的发展并无任何话语权。而没有话语权则意味着代耕农不可能真正参与到当地长远的发展中去，无法真正"嵌入"到当地社会，从而最终导致自己被当地人在"理性"的选择后过河拆桥，被当地主动地边缘化、外部化，成为了当地发展的牺牲品。

代耕农的"悲剧"提醒我们，在新一轮农村改革的过程当中，不能仅仅关注农民被赋予了哪些新的权利，而更要关注这些新的权利被赋予了谁。因为在当下的中国农村，社会矛盾的源头往往不是珠三角农民这种经济改革的既得利益者，而是像代耕农这种为经济发展做出了巨大贡献却无法分享发展成果的、被外部化的群体。因而如何解决好发展中的利益分配问题，如何让被外部化的群体重新内部化，重新融入当地的经济体系中，并为当地的发展做出贡献，这才是深化改革的重中之重。

参考文献：

陈海真、李颖欣、商春荣：《"代耕农"现象的经济分析——以广东省惠州市博罗县石湾镇铁场村为例》，《华中农业大学学报》2007 年第 6 期。

黄晓星、徐盈艳：《双重边缘性与个体化策略——关于代耕农的生存故事》，《开放时代》2010 年第 5 期。

黄志辉：《自我生产政体："代耕农"及其"近阈限式耕作"》，《开放时代》2010 年第 12 期。

黄志辉：《被忽视的劳动形态：自我生产政体——来自城郊农地与建筑工地的两类中国经验》，《青年研究》2013 年第 1 期。

黄志辉:《无相支配:"代耕农"及其底层世界》,社会科学文献出版社,2013。

黄志辉、麻国庆:《无"法"维权与成员资格——多重支配下的"代耕农"》,《中国农业大学学报》2011年第1期。

[法]马克·布洛赫:《法国农村史》,余中先、张朋浩、车耳译,商务印书馆,2008。

[英]马林诺夫斯基:《珊瑚园及其巫术》,转引自费孝通《江村经济》,商务印书馆,2005。

杨小柳、史维:《代耕农的社会空间及管理——来自广东南海西樵的调查》,《广西民族大学学报》2011年第5期。

Samuel L. Popkin, *The Rational Peasant: the Political Economy Rural Society in Vietnam* (Berkeley: University of California Press, 1979).

落地生根：阳江苗族代耕农的
土地交易与家园重建^①

温士贤

一、问题的提出

迁移是人类群体谋求生存的一条重要途径，即便在安土重迁的传统农业时代，也存在着较为频繁的人口迁移活动。农民依附在土地之上，但乡土社会却无法避免"细胞分裂"的过程。当乡村土地上养活的人口达到饱和之时，过剩的人口就必须离开故土，到异乡的土地上寻找新的生存空间。可以说，在传统农业社会，人口迁移活动主要是以寻求土地为目的。特别是对具有游耕、游牧传统的少数民族群体来说，迁移是维持民族生存的一条重要法则。20 世纪 80 年代以来，

① 本文曾发表于《开放时代》2016 年第 3 期,收入本书后对文献格式做了调整。温士贤，华南师范大学旅游管理学院副教授。

随着工业化进程迅速推进，大量农村人口被吸纳进城市工业体系，"乡—城"之间的人口流动遂成为中国社会经济生活中最引人注目的现象。（杜鹰、白南生，1997）传统的、以土地为纽带的人口流动被农民进城的大潮所遮蔽。然而，并非所有农村人口都有机会加入城市工业体系之中，现代工业也绝非转移农村剩余劳动力的唯一出路。时至今日，仍有相当数量的农村人口在异乡以土维生。（黄志辉a，2013）

与进入城市的农民工相比，在异乡村落中谋生的移民群体所遭遇的情况更为复杂。他们难以融入当地社会，并且面临着各种制度性与非制度性的社会排斥。早在 20 世纪 30 年代，费孝通先生便关注到村落中的外来群体。寄居异乡村落的移民群体承担着特殊的经济职能，并且与当地居民有着鲜明的文化差异。（费孝通，2005）也正因如此，他们往往被当地居民视为身边的"他者"。在费孝通先生看来，传统村落社会是一个血缘社会，外来群体若要融入村落社会，真正成为村子里的人，需要具备两个条件："第一要生根在土里——在村子里有土地。第二是要从婚姻中进入当地的亲属圈子。"（费孝通，2008）这两个条件看似容易，在现实生活中却难以实现。尽管有经济史学家强调中国传统农村土地市场的自由性（赵冈，2006），但在农村土地交易过程中会受到"同族四邻先买权"（张佩国，2007）的限制，其大部分土地交易是在

"村级土地市场"（赵晓力，1999）上完成的。与此同时，因存在文化上的差异性，村落社会中的外来群体也不易与当地居民通婚，进而失去了从血缘上融入当地社会的机会。黄宗智先生（2000:264—265）在对华北乡村的研究中也发现，村落社会中的长工群体多是外乡人，他们的社会地位低微，无论是在打工地点，还是在居住处，都不具有完全的成员资格。

在传统农业社会，土地与定居权之间具有较高的一致性，拥有土地成为外来群体实现长期定居的关键性因素。科大卫（David Faure，1986）通过对香港新界的研究指出，享有"定居权"（settlement right）与只是居住在某地不同，它包括拥有土地、修建房屋、开发公共资源等一系列广泛的权利。这一权利生发于村落开基祖先所获得的地根权，并由开基祖先流传给宗族成员。因此，外来群体不能天然地享有村落中的定居权。但科大卫同时也指出，村落社会虽是一个受限的共同体，但这个共同体并不是绝对封闭的。村外之人仍可通过婚姻、雇佣、诉讼，甚至是武力的方式进入并取得相应的定居权。实际上，所谓的定居权并非在村落内部自发生成，而是土著居民与外来移民、村落势力与地方政权相互协商的结果。从政府层面来看，定居权问题实则是一个户籍管理问题。在特殊的历史时期，政府为发展生产会鼓励人口迁移，并通过一定的入籍制度确保移民群体享有稳定的地权和定居权。

（郑悦达，2009:52—53）王跃生（2013）将历史上流动人口的入籍制度划分为"有条件入籍制度""无限制入籍制度"和"让步入籍制度"三种类型，并认为在封建帝国时代，政府对流动人口的入籍政策具有刚柔相济的特征。由此可见，在封建帝国时代，政府虽然力图维持一种稳定的人地关系，但同时也为移民群体定居异乡提供了政策上的保障。

外来群体能否取得定居权对其生存发展具有重要意义，因为这不仅关系到他们能否为当地村民所接纳，同时直接关系到他们能否分享到当地资源。澳大利亚汉学家安戈（Jonathan Unger，2002）在研究 20 世纪 80 年代以来中国乡村的转型时注意到，"在中国当前的法律制度下，农村中的外来移民群体不具有永久定居的权利。他们只能忍受当地村民和村里的治安组织，并且只要当地村民不再需要他们，便随时可以将他们从村落中排挤出去。"然而，这一论断并不具有普适性。特别是随着土地政策的调整，不同区位中的农民对村落外来人口表现出截然不同的态度。贺雪峰在湖北京山农村地区考察时发现，当地村落人口大量外流，进而招徕外部人口解决土地耕种问题。这些外来人口不仅取得了当地的户籍，并且已经融入当地村落生活之中。（贺雪峰，2013:165）必须承认，即便是已经融入村落社会的外来群体，他们在土地权利上仍低人一等（胡亮，2012:183），难以像土著居民那样享有对土地的天然权利。当与村落外来群体发生土地争执时，土著居民会以"祖业权"（陈锋，2012）这一地方概念来声明自身对土地的天然权利。

在近三十年间，随着市场经济的发展和农村土地政策的调整，农村人口跨区域流动日益频繁，村落社会结构与传统村落秩序发生急剧变迁。在此情境下，外来移民群体如何进入到异乡村落？他们能否实现定居并真正"成为村子里的人"？所谓的"定居权"对农民的日常生活是否还具有实质意义？这些问题都值得我们进行研究和关注。

20世纪90年代，云南文山壮族苗族自治州（以下简称"文山州"）的苗族群众因缺少土地而进入阳江农村地区代耕。目前，在阳江农村定居的苗族代耕农有三百余户，共计两千余人。尽管其代耕的使命早已结束，但他们并没有离开移居地社会，而是通过购置旧宅和买地建房的形式在当地村落实现定居。代耕农群体的出现，可以说是中国工业化进程和特定农业政策共同作用的产物。为数不多的代耕农群体，所面临的却是土地和户籍这两个当代社会最为核心的问题。本文以这一群体为个案进行分析，以此探讨农村外来群体的定居策略以及村落社会的定居权问题。

二、生存压力下的代耕选择

分布在阳江境内的苗族代耕农主要来自云南省文山州的广南县。该县是一个典型的山区县，山区、半山区占总面积的94.7%，坝区面积仅占5.3%。（云南省广南县地方志编纂委员会，2001:1）受历史因素的影响，苗族人口多居住在山区地带，在当地流传着"苗族住山头、壮族住水头、汉族住街头"的说法。在詹姆斯·斯科特（James Scott，2009）看来，东南亚的山地民族之所以择山而居，在很大程度上是为了躲避战争和逃避国家政权的控制。高山为苗族人提供了自由的生存空间，然而，恶劣的生存环境和贫瘠的土地资源却使他们的生活陷入困顿。即便到了20世纪八九十年代，生活在大山中的苗族人仍然挣扎在生存的边缘，生活的艰辛与食物的匮乏成为人们最深刻的记忆。为了维持生存，部分苗族人过着动荡的迁移生活。现居住在乐安村"云南队"的李正平如是讲道：

> 我们老家在广南县曙光乡，我们那个村在高山上，只有一条小路通往山下，走到街上要三个多小

时。村里能耕种的土地非常少，一户人家只有两三亩地，而且地里都是大石头，一下雨土就被冲下来。粮食产量非常低，雨水多的话一亩地可以收四五百斤玉米，遇到干旱的年份一亩地仅能收到一两百斤，有时甚至一粒粮食都收不到。村里大多数人家的粮食都不够吃，一年有几个月要饿肚子。人口多的家庭土地不够种，就必须要有一些人到其他地方找活路。一家兄弟经常是这里跑两个，那里去两个，四处分散开。

历史上，苗族人曾采取刀耕火种的游耕方式，其居住地点漂泊不定。因此，苗族留给人们一种居住分散，且富于流动的族群意象。自 20 世纪 50 年代之后，国家通过行政手段推广汉族社会的定居农耕模式，并认为由游耕到定居农耕是生产力发展的表现。然而，定居农耕未能从根本上改善苗族人的生活状况，反而在很大程度上减少了他们可资利用的各种山地资源。生活在山地中的苗族人，仍要通过迁移活动来摆脱生存危机。有研究表明，即便在实现定居农耕之后，生活在云南山区的苗族人仍保持着一种迁移习性和漂泊心态。（杨渝东，2008；陆海发，2012）对缺乏土地的苗族人来说，土地是他们珍视的生存资源，也是他们迁移活动的直接动力。

在 20 世纪八九十年代，中国虽然实行了家庭联产承包责任制，但农村土地仍然属于集体公有，农民仍要承担国家下达的公购粮任务。有学者认为，中国农村土地的集体公有制，"既不是一种'共有的、合作的私有产权'，也不是一种纯粹的国家所有权，它是由国家控制但由集体来承受其控制结果的一种中国农村特有的制度安排。"（周其仁，1994:63）在当时的制度安排下，农业生产不仅是农民的谋生行为，同时也是国家规定的政治任务。对基层政府来说，组织农业生产、征收公购粮理所当然地成为其首要任务。

而这一时期，恰处于改革开放的肇始阶段，珠三角地区的工业化进程迅速推进。在工业经济的吸引下，珠三角附近农村人口开始向城市工业体系转移。农业生产随之受到冷落，田地出现大面积抛荒，田地上承载的公购粮任务遂成为农民面临的一大难题。1994 年的调查数据显示，当时阳江农村劳动力外流现象非常严重。仅在阳江市阳西县的溪头镇，外出务工的劳动力达到 2.8 万人，占该镇总劳力的 70.6%。（阳江市农业局档案，1994）据说，以前每到交公购粮的时候，村干部因无法完成国家的公购粮任务而遭到乡镇领导的批评。在沉重的公购粮任务下，作为生存资源的土地则沦为中国农民的负担。陈奕麟（1986）曾指出，"土地这个东西就和租约一样，本身并无意义，其意义都是人所赋予的。"集体公有的土地一旦沦为负担，农民自然会放弃对它的权利。

为完成国家的公购粮任务，阳江地区的农民和村干部都急切地希望将富余的田地转让出去。实际上，在 20 世纪 80 年代至 90 年代，有相当数量的山区农民到广东珠三角的中山、珠海、江门、惠州等地寻找土地代耕。（黄志辉，2013；申群喜等，2006）代耕农群体的出现，非常吻合英国人口学家拉文斯坦（E. Ravenstein，1889）所提出的人口"梯次迁移"理论，即"农村向城市的人口迁移呈梯次逐级展开，城市吸收农村人口的过程，先是城市附近地区的农民向城市聚集，由此城市附近农村出现空缺，再由较远农村人口迁来填补，这种连锁影响逐次展开以致波及更远的农村。"可以说，20 世纪八九十年代出现的代耕现象，是中国社会工业化进程所带来的连锁反应之一。来自贫困山区的移民群体，在很大程度上填补了发达农村地区因工业生产导致的农业劳动力的不足。

苗族群众进入阳江农村代耕，缘于广东电白籍的一名唐姓男子。此人早年到云南省广南县经商，并娶了当地的一位苗族女子，后因经商失败，便带着妻子以及妻子的舅舅来到阳江租田种植辣椒。他们见到阳江田地大量抛荒，便把这一信息传递给远在云南山区的苗族亲友。得知这一消息后，居住在大山中的苗族人为之心动。他们渴望平原地区的肥沃田地，并希望通过迁移来摆脱生存困境。1991 年底，广南县马堡村的杨发明、李正林带领几个同乡亲友一起来阳江"看田"。来到阳江之后，他们便被广阔的良田和充足的水源所吸引。他们找到当时乐安村管理区的村干部协商土地代耕事宜。村干部对他们的到来非常欢迎，并答应转让 100 亩田地给他们永久耕种，取得田地的代价即是承担田地上负载的公购粮任务。

待田地落实之后，他们立即返回家乡动员亲友前来代耕。当时，有 60 多户人家想迁移到阳江。但因取得的田地面积有限，无法接纳过多的人口，迁移活动的组织者根据 100 亩田地所需的劳动力，选定了 24 户口碑较好的家庭前来代耕。在动身迁移之前，准备迁移的家庭变卖了房产和牲畜，把田地分给亲友耕种，做好了长期定居异乡的打算。这种孤注一掷的行动表明，他们一旦迈出迁移的步伐，便不会再返回故乡。1992 年年初，第一批苗族移民正式进入阳江代耕，并建立起第一个苗族代耕社区——"云南队"。在土地的链接下，两个相隔遥远、处于不同社会结构中的人群开始有了交集。

代耕这一契机，使苗族移民较为顺利地取得了异乡土地的耕作权。在其后的几年时间里，云南省广南县的苗族群众通过血缘亲属网络接踵而至，他们先后找到代耕的土地，并在移居地建立起十余个代耕社区（见表 1）。根据代耕时限的不同，苗族移民的代耕活动可分为"永久性"代耕和"限时性"代耕两种形式。"永久性"代耕是指，当地村民将田地永久"转让"或"割让"（在国家的相关法律文件中，明确禁止土地的"转让"行为）给苗族移民永久耕种使用，苗族移民由此也要永久性承担土地上承载的农业税赋任务。如分布在乐安一带的"云南队""麦洞村""大更村"均属永久性代耕社区。"限时性"代耕是指，当地村民将田地承包给苗族移民耕种一定时间，代耕农只是负责承包期内的农业税赋任务。"限时性"代耕所涉及的人地关系较为简单，在协议期满后承包关系自然解除。而"永久性"代耕则蕴含着复杂的生产关系和地权关系，不能仅仅看作是简单的土地承包关系。在民间的土地交易实践中，"转让"或"割让"即意味着土地所有权的变更。

实际上，只有在 20 世纪 90 年代初进入阳江代耕的几批苗族移民获得了永久性代耕的田地。随着公购粮任务逐渐减轻，当地村民对代耕农的需求逐渐减少。1996 年之后进入阳江的苗族移民已难以获得永久性代耕的田地，他们只能与当地村民签订数年到数十年不等的限时性代耕协议。甚至，一些苗族移民只是与当地村民达成口头上的代耕约定，而未签订任何书面协议。在不同的土地占有关系下，进入阳江的苗族移民经历了不同的发展命运。如费孝通先生所说，"这些宣泄出外的，像是从老树上被风吹出去的种子，找到土地的生存了，又形成一个小小的家族殖民地，找不到土地的也就在各式各样的命运下被淘汰了，或是发迹了。"（费孝通，2008:4）在随后的代耕生活中，永久代耕的苗族移民和限时代耕的苗族移民采取了不同的定居策略。

表 1 阳江苗族代耕社区分布情况（2013 年 8 月）

社区名称	迁入时间	代耕时限	户数	所在村落	备注
云南队	1991	永久	31	双捷镇乐安村	尚存
广西队	1992	永久	11	双捷镇乐安村	尚存
大更村	1992	永久	37	白沙镇福村	尚存
高桥村	1993	永久	23	双捷镇乐安村	尚存
灯芯塘	1993	永久	35	程村镇庙山村	已消失
苏塘村	1993	30 年	9	程村镇胡荔村	尚存
矿田村	1994	30 年	13	双捷镇乐安村	尚存
云东村	1994	15 年	48	平岗镇东一村	已消失
黑石古	1995	25 年	9	程村镇胡荔村	已消失
荒坑村	1995	20 年	10	莲花乡莲湖村	尚存
岗华村	1995	15 年	26	白沙镇岗华村	已消失
廉村水库	1996	15 年	23	平岗镇廉村	已消失
下河村	1996	未定	8	儒洞镇下河村	已消失
红光牛岭	1997	5 年	22	程村镇红光村	尚存

在当时的政策预期下，苗族移民的代耕行动存在着一定的风险，人们难以判断何种代耕形式更具生存优势。永久代

耕可以换来相对稳定的耕作权，但同时也意味着要将自身永久地束缚在土地之上。限时代耕虽然具有一定的灵活性，但却时刻面临着田地被收回的危险。"云南队"的两位带头人李正林和杨发明就代耕年限问题曾产生过激烈的争执。李正林担心日后形势发生变化，可能无法按合同完成公购粮任务，因此要将代耕期限定为 25 年。而杨发明考虑到日后生活的稳定性，则坚持要签订永久性的代耕协议。在杨发明一再坚持和说服下，"云南队"最终签订了永久性的代耕协议。两种截然相反的观点，反映了当时苗族代耕农的纠结心态。在当时的政策预期下，这两种观点都是基于自身的生存发展做出的理性考量。现在，他们非常庆幸当初的选择，如果当时代耕期限定为 25 年的话，如今他们必须要考虑重新寻找新的土地。

对苗族人来说，迁移只是谋求生存的一种手段，其目的是寻找稳定的定居生活。日本历史学家山田贤（2011）指出，"移民的属性，一方面表现为'流浪性'，另一方面不可忽视的是，他们有着强烈的'定居'（获得土地的欲求）意愿，因此成为产生向往社会整合的基因。"代耕，是苗族移民与当地村民建立社会联系的重要纽带，同时也是他们融入当地社会的重要切入口。若要实现长久定居，来自异乡的移民群体还要通过各种途径将自身整合进当地社会结构之中。

三、生存空间的建构逻辑

面对陌生的生存世界，移民群体会产生焦虑、紧张和缺乏归属感的心理情绪。相关研究表明，由于语言、文化、习俗、价值观念等方面的差异以及流入地社会的制度障碍或主观歧视，大多数移民群体会经历一个隔离（segregation）的过程。（杨菊华，2009）在进入阳江之初，这些苗族移民并没有主动融入当地社会，而是在当地村落的边缘地带建立起属于自己的代耕社区。代耕社区的建立，为苗族代耕农提供了一个相对独立的生存空间。

（一）自我隔离的生存空间

位于阳江市区西南 20 千米处的乐安村，是苗族代耕农分布的核心区域，在这一区域分布着四个永久性代耕社区。这些苗族代耕农社区大多隐秘在偏僻的山坳之中，如果不是刻意寻找很难被外人所发现。实际上，当地村民交给外人代耕的田地大多远离村落，甚至许多田地位于交通不便的山地丛林之中。这些来自异乡的苗族移民只能依田而居，致使他们在居住空间上与当地村落隔离开来。当地村民的这种安排，在某种程度上却契合了苗族移民的生活习性和理性考量。

苗族人在文化上与汉族居民存在较大差异，他们的语言、服饰、宗教仪式等民族特征往往被当地居民视为奇特的东西。为避免遭到外部社群的歧视和干扰，他们采取了自我隔离的生存态度，在偏僻之处建立起相对隔离的代耕社区。"云南队"的苗族代耕农，在定居地点的选择上经历了慎重的抉择：代耕之初，当地村干部划出两块土地供他们建房定居使用。其中一块位于交通便利的公路边，另一块在距公路稍远的山坳中。考虑到自身的生存尊严和日后生活的稳定，他们放弃了交通便利的地理区位，最终选择在相对偏远的山坳中定居。"云南队"的带头人杨发明讲道：

> 住在公路边当然是最好，交通方便。但我们在刚来的时候，语言不通，穿得又旧，妇女穿着我们民族的裙子，小孩都光着屁股。住在路边的话，全被人家看到了。我们现在这个地方，虽然有点偏，但生活会比较安定，是穷是富别人都看不到。即使以后国家征地的话，也不会影响到我们这里。当时就考虑还是住得偏一点比较安全，于是大家决定来到这里建房。

有学者将代耕农群体社会空间，视作都市化引发的空间生产异化的产物。（杨小柳、史维，2011）实际上，这种自我隔离的定居策略，是移民群体实现自我生存和应对社会排斥而采取的一种有效策略。在威尔逊和波特斯（Kenneth L. Wilson and Alejandro Portes，1980）、周敏（1995）等人看来，族群聚居区的建构是移民群体融入主流社会的一条有效途径，它可以保障移民群体在不具备移居地文化技能的情况下开展生活。在代耕之初，苗族代耕农对移居地的社会环境非常陌生，并且经常遭到外部群体的骚扰。代耕社区的建构，不仅为他们提供了相对宽松的生存空间，同时也为他们的文化适应提供了较大的回旋余地。在相对独立的生存空间里，苗族代耕农可以最大限度地保持自己原有的生活方式，并在很大程度上避免了外部群体的干扰。

在山地区位环境中定居，既是当地村民的安排，同时也是苗族代耕农自身的主动选择。苗族是一个典型的山地民族，在法国传教士萨维纳（2009:193）看来，"传统苗族都居住在山上，高山是苗族生活的一个因素。其他的地方对他们来说是不习惯的。"的确，长期生存于大山中的苗族人，对山地环境中的生存法则更为熟悉。在靠近山地的区位环境中定居，不仅可以在空间上与当地社群隔离开来，同时还可以获得大量免费的山地资源，这对处于生存边缘的苗族代耕农来说尤为重要。麦洞村的苗族代耕农在阳江选择代耕地点时，本有机会在平原地区落脚，但他们却放弃了平原地区而选择了位于乐安的一块偏僻山地。

> 我们先是去到平岗，那里的田地都是平平的，一块田最少都有一两亩，一眼看去是十几公里。我跟那边的村长商量过，他们也同意我们过来。但后来一想，如果在平原地区生活，找根柴都没有，放牛都没有地方，生活很不方便。在平原地区生活要靠动脑。当时我们来了30多人，老的老，小的小，头脑灵活的才有几个。想来想去还是要住在靠山的地方，没有柴烧可以到山上砍点柴，可以安排本分的人放几头牛。这样，我们来到了乐安这里，这边有一点山，生活上方便一点。靠山吃山，靠水吃水，我们这帮人适合住山区，就只能生活在靠山的地方。

在靠近山地的区位环境中定居，不仅可以获得大量免费的山地资源，还可以在空间上与外部社群隔离开来，为自身创造一个安稳的生存空间。在代耕之初，苗族代耕农缺少经济来源，甚至连农业生产所需的化肥、农药等物资都无力购买。面对生存危机，苗族代耕农只能求助于大山。他们在附近的山地中打石子、砍柴草、挖药材、捉马蜂，并将这些山地产品出售给当地商贩。弗雷德里克·巴斯（2014）从生态学的角度对族群关系进行了分析，他认为，在一个具有包容性的社会体系中，就族群的文化特征来说，联系几个族群的积极纽带取决于他们之间的互补性。这种互补性可能会导致相互依赖或共生，建立起不同族群相互融合的区域。在进入阳江代耕伊始，苗族代耕农在资源利用和生计选择上便与当地居民形成了一种互补性的族群关系，从而为他们日后的定居生活奠定了基础。

（二）主客之间的土地博弈

苗族代耕农的定居生活并非一步到位，而是在获取土地的过程中逐步实现的。受经济条件的限制，他们在代耕之初仅是以竹子和油毡纸搭建简易的棚屋。简易的棚屋成为苗族人流动性的表征，居住在棚屋中的人们似乎随时准备收拾行囊迁移到其他地方。的确，一些人因不适应新的生存环境而返回原籍地，代耕社区中的成员也经历了分化与重组。随着对异地生活的逐渐适应，大部分苗族代耕农在此沉淀下来，其定居意愿也愈来愈强烈。

在定居之初，苗族代耕农并未意识到定居权问题。当地村干部虽然为他们指定了居住地，但并未以契约的形式将其确定下来。他们理所当然地认为，定居权附着在代耕的田地之上。为方便开展农业生产，苗族代耕农多是在田边闲置的空地上搭建棚屋，修建村落。在当时的社会条件下，土地的开发价值有限，当地村民并不在意他们在何处建房定居。然而，随着农业税的减免以及土地价格的上涨，以前被弃之如敝屣的荒地成为一笔潜在的财富。在经济理性的驱使下，当地村民向苗族代耕农占用的定居用地要求经济补偿。

2000 年，乐安村山仔村民小组将闲置的荒山发包给当地老板开发，而"麦洞村"的定居地正处于发包的荒山之中。直到这时，麦洞村的苗族代耕农才意识到，他们虽然取得了田地的耕作权，但却并没有取得相应的定居权。为此，他们与当地村干部协商，以 4000 元的价格将建房定居的土地购买下来，并与山仔村民小组签订了土地转让合同。从这份合同文本中，可以清晰地看出双方的权利义务。

土地转让合同书

甲方：山仔村经济合作社

乙方：麦洞云南队

由于甲方转包部分水田给麦洞云南队承包，需要部分土地建房之用，经村民代表研究决定，同意转让一些山地给云南队作建房之用，经双方商订出如下协议。

一、经云南队要求，我村同意转让狗山的西面山地约十亩面积，东至果园路边，南至果园路边，北至果园房屋，西至麦洞坑耳田边。

二、此部分山地只准作云南队居住地，只能建房，不得买卖。

三、协议签订后，甲方不得以任何理由或借口收回山地，云南队在该地建房，也不得收取任何费用，政府收任何费用与甲方无关。

四、如国家或集体建设规划需要征用该部分山地时，征用费归甲方，与乙方无关，作物房屋补偿归乙方。

五、签订协议后，该山地永远由云南队使用。

六、如甲方有人强行收回与乙方引起纠纷，由甲方山仔村村长和签名的代表负责解决。

七、本合同从签订之日起生效，一式两份，甲乙双方各执一份。

甲方代表：余××　　　　乙方代表：陶××

甲方签名：余××　　　　乙方签名：陶××

双捷镇乐安管理区山仔经济合作社（公章）

二〇〇〇年十二月四日

2005 年，广西队也遭遇到同样的问题。据说，广西队定居的土地为乐安村新屋村民小组以前的驻地。后来，新屋村民搬走，此地长期荒废。广西队在此定居后，新屋村民便重申对这块地的权利，希望从中获得一笔可观的土地转让费。为了取得"合法"的定居权，广西队的苗族代耕农以 4.5 万元的价格买下建房定居的土地，并与他们签订了土地转让合同。

土地转让合同的签订，为苗族代耕农的定居提供了有效的保障。近年来，随着经济条件的改善，越来越多的苗族代耕农家庭修建了楼房。云南队在 2014 年有 5 户人家修建了楼房，广西队在 2015 年有 4 户人家修建了楼房，每栋楼房的修建成本少则十余万元，多则三十余万元。可以说，苗族代耕农倾其所有用来修建房屋。以李国金为例，他家在 2014 年修建了一栋三层楼房，建房费用高达 25 万元。在建房之前，两个正在读高中的儿子建议父亲到阳江市区买一套商品房。因为在他们看来，在这里建房定居日后可能会遇到土地权利的问题，并且有这笔钱在城市里也能买到一套房子。但李国金对此不以为然，他认为："我们的老乡都在这里，大家可以相互照顾。建房的土地是花钱买的，如果政策不变的话，我们就可以在这里长期住下去。在城市生活每天都要花钱，赚不到钱就不能养活家庭。我们那点钱，去到城市买房子一下就花完了。"虽然他们并不确定以后能否在此地落户，但在他们的逻辑思维中，修建楼房即意味着在此地长期定居，当地村民便不会轻易赶走他们。

美国人类学家波特夫妇（Sulamith Heins Potter and Jack M. Potter，1990）在东莞茶山调查时注意到，即便在 20 世纪 80 年代，中国农村的地权安排依旧可以区分出地底权和地面权，地底权由集体和国家占有，而承包经营土地的地面权则可以依照传统方式由子女继承。从麦洞村签订的土地转让合同来看，苗族代耕农所拥有的仅是地面权，而地底权依然归当地村集体所有。苗族代耕农旨在通过修建楼房，积累地面价值，来巩固自身的定居权。即便以后遇到征地拆迁，他们也享有地面建筑的赔偿权。如他们所说，"如果以后他们真要赶我们走的话，也要照价赔偿我们的损失。这些房子一栋按 20 万计算，整个村子至少要几百万，除了国家赔偿我们，否则没人能赔得起。"正是基于这种考虑，具有经济能力的家庭都修建起楼房，甚至相当一部分苗族代耕农的居住条件已经超过了当地村民。现在，苗族代耕农的定居不仅是一个法律上的事实，同时也成为一个经济上的事实。这种不断增加地面价值的定居策略，在某种程度上达到了预期的效果。当地村民见他们修建起楼房，不仅有一种艳羡之情，同时也意识到他们不会轻易离开此地。

实际上，"移民"与"土著"并不是两个界限清晰、固定不变的社群。从广义上说，任何一个区域中的居民都可算作外来移民，其区别只在于迁入时间的先后不同而已。早在 20世纪 60 年代，便有外来移民群体进入到这一区域定居。在乐安村村委会管辖的 21 个村民小组中，有 6 个村民小组是在20 世纪 60 年代从信宜地区陆续迁来的代耕农；此外，尚有 4个村民小组是 1968 年由政府安置的高州水库移民。这些移民群体因为进入较早，均已取得当地户籍。苗族代耕农因到来较晚，入籍问题迟迟未能解决。随着土地价值逐渐提升，村委会和当地政府也不愿再去解决苗族代耕农的入籍问题。有学者注意到，"户口制度是移民在当地缺乏政治权利和长期打算的主要根源。当前土地集体所有制使移民无法获得进入当地社区的机会，从而也加剧了移民和当地人的差距。"（姚洋，2001）可以说，当前的户籍制度将苗族代耕农置于进退维谷的困境之中。

四、土地交易下的定居策略

对苗族代耕农来说，土地是他们的生存资源，同时也是实现长久定居的根基所在。永久性代耕的苗族移民坚守着自己的土地，并建立起属于自己的"村落"。而限时性代耕的苗族移民，仅是暂时性地获得了土地耕作权。他们清醒地意识到，协议到期便要归还代耕的田地，重新寻找新的生存空间。因此，他们不敢在代耕社区中投资建设，至今仍居住在简陋的棚屋之中。有意思的是，那些因各种原因结束代耕生活的代耕农并未返回原籍地，而是通过购置旧宅和买地建房的形式在移居地实现定居。因为对他们来说，移居地已然成为他们的家乡，除了留在这里他们没有更好的去处。

（一）购置旧宅

在传统村落社会中，村落成员为维护村落共同体利益，一般不允许村外人员轻易介入。然而，在市场化的社会环境中，村落社会中的土地和宅基地交易日益频繁。朱冬亮（2003）通过对福建农村土地制度的研究发现，宅基地使用权的商品化导致村落成员权的丧失。阳江的农村地区，也出现了类似的状况。当地的许多村落已成为名副其实的"空心村"，衰败的村落已不再是村民争夺资源的竞技场，转移到城镇定居的村民大多愿意将闲置的土地和房产转让出去。相关研究表明，珠三角地区的代耕农，因土地的升值而遭到本地村民的排斥与挤压。（黄志辉b，2013）而阳江的苗族代耕农之所以能够幸存下来，与当地村落的空心化状态不无关系。

当地村落的空心化，为部分苗族代耕农的重新定居提供了可能。曾在阳西县儒洞镇下河村代耕的高氏父子，早在2002年便在下河村买下了一座旧宅。该村本是个仅有十余户人口的小村，在近十年间，大部分村民都已迁移城镇定居，现在村落中的当地居民仅剩下两户。高氏父子在此买房定居后，其在阳江代耕的亲友也陆续来到这个村落购买旧宅。下河村共有12座房产，现在有9座被苗族代耕农购买。房产的转让在某种程度上意味着定居权的转让，可以说，苗族代耕农已成为当地"空心村"的新主人。

实现再定居的过程中，苗族代耕农表现出较强的灵活性和策略性。对一些贫困的苗族代耕农家庭来说，即便价格不高的房产也往往使他们捉襟见肘。对此，他们往往是两三户亲友共同出资买下一座房产，待经济条件好转后再分开另行购置房产。现居阳西县儒洞镇下河村的侯礼忠和侄子侯志高便是以合资购置房产的形式实现定居。侯氏原本在平岗镇的廉村代耕，土地承包合同到期后，他们便放弃田地准备另谋出路。侯氏家族与最早定居下河村的高氏有姻亲关系，经高氏介绍，侯氏家族成员也陆续来到下河村买房定居。实际上，当地村民出售旧宅的机会可遇而不可求，一旦有人出售必须果断将其买下。2011年，下河村的一户本地村民出售一栋二层的旧楼房，售价4.5万元。刚刚结束代耕生活的侯氏家族经济拮据，为了尽快安家落脚，侯礼忠叔侄便共同出资将其买下。当时，侯礼忠出资 3.5 万元，侄子侯志高出资 1 万，叔侄两户人家各住一层。买房子时叔侄双方即约定，日后哪一方有能力就出去再购置一间，届时再将相关费用结算清楚。

在购置旧宅的过程中，一些村民把村集体分配给自己的土地作为房产的附属物一起出售。有学者在华中农村地区也发现了这种"搭地售房"（郭亮，2013:65）或"买房搭地"（龚春霞，2015:103）的交易方式，由此可见这种特殊的房产交易方式绝非个例。之所以出现这种情况，一方面在于苗族代耕农在买房时要求原户主将土地一起送给他们耕种，因为他们意识到土地在农村生活中的重要性。另一方面，在偏远农村地区，土地转让价格非常低廉。与此同时，在 2000 年前后，农民仍要缴纳一定的农业税，实行"搭地售房"的交易方式，则可以将户主承担的农业税一同转让出去。

（二）置地建房

无法购置到旧宅的苗族代耕农，则通过买地建房的形式实现再定居。在村落结构和村落秩序急剧转型的背景下，农村地权交易中的"同族四邻先买权"原则被抛弃。特别是 2002 年《农村土地承包法》的颁布，赋予了农民长期的土地使用权，并允许农民对土地的承包经营权进行流转。(《农村土地承包法》第二十一条规定："耕地的承包期为三十年。草地的承包期为三十年至五十年。林地的承包期为三十年至七十年；特殊林木的林地承包期，经国务院林业行政主管部门批准可以延长。"）这在很大程度意味着，农民对自己手中的土地有了更大的自主权。何·皮特（Peter Ho，2008:5）在分析中国土地制度时指出，中国政府对农村土地产权制度采取了"有意的制度模糊"。在频繁的土地政策调整中，农民也意识到农村土地产权的"模糊性"。为了将不确定的土地转化为一笔现实的、可支配的财富，农民也愿意将土地转让出去。农民土地观念的转变，对农村社会结构产生了深远的影响。从依赖土地谋生到利用土地谋利，看似日常生活不经意的改变，却孕育着一个巨大而深刻的变革，李培林（2010）认为这是农民从"重农保根观念"到"工商创业精神"的裂变。在这一转变过程中，农民的定居权意识在很大程度上被削弱，农民所追求的是更为现实的物质财富，而不再是空洞抽象的土地占有关系。从这一意义上说，作为村落成员资格的定居权已经沦为可交易的商品。

置地建房比购置旧宅花费更多。现在，乐安一带的土地出让价格在每平方米 100 元左右。当地村民一般是将土地进行整块出让，一块土地的出让价格动辄需要数万元甚至数十几万元。经济能力有限的苗族代耕农往往是几户人家共同筹资购买，然后再根据出资额对土地进行分配。曾在阳江白沙镇岗华村代耕的李正武，在 2010 年土地承包合同到期后，便带领 8 户亲友来到乐安买地。他们以 10.5 万元的价格，在乐安买下一块土地，8 户人家平摊费用，各自分得一块宅基地。经济条件较好的家庭修建起楼房，经济条件较差的家庭仍是搭建棚屋居住。在谈到他们的定居经历时，李正武讲道：

> 1995 年的时候，我们来到白沙镇岗华大队种田。我们跟岗华大队签了 15 年的土地承包合同，当时我们一共有 26 户，在那里建了村，还办了一间小学校。后来，我们有个年轻人到他们村子里偷牛，从此以后，当地人就开始讨厌我们。2010 年合同到期，他们就把田地收回去，我们这帮人就散开了。大部分人来到乐安买地建房，有一小部分去到台山种甘蔗。我们兄弟姐妹多，便一起凑了 10 万多元买下乐安这块地。于是，我们又来到这里建房子。在乐安有我们的好多老乡住在这里，生活在这里，老乡之间可以相互照顾。

在国家的视野中，土地具有不可让渡性。（张宏明，2005:267）按现行的法律政策，农村土地为村集体所有，不允许农民个人进行土地交易。然而，民间的一系列变通手段却使土地交易成为可能。在他们土地交易的合同文本中，并没有出现"买""卖"这样的字眼，而是使用了"转让"，由此规避了禁止土地买卖的法律规定。在《农村土地承包法》中明确规定，土地承包经营权流转合同应包括"流转的期限和起止日期""流转土地的用途"等内容。在民间的土地交易实践中，他们将这些关键要素有意地模糊掉。在他们看来，这种模糊的合同文本具有更大的解释空间。一旦将各项要素在合同文本中明确下来，会给土地交易的双方带来不必要的麻烦。

虽然哪些村落、哪些村民出让土地和房产具有不确定性，但苗族移民在选择定居地点时会首先考虑的是要和同乡亲友聚居在一起。蒂姆斯（Timms，1971:98）曾指出，"居住地的选择和再选择，可以看作是缩短个人与他所渴望模仿的族群距离和扩大他与所渴望离开的群体间距离的一种策略。"失去田地的苗族移民大多愿意来乐安买房置地，很大程度上是因为有他们的同乡亲友在此地定居。而苗族代耕农购置旧宅和土地的行动，也多是在这些亲友的介绍和担保下完成的。黄晓星等（2010）对珠三角地区代耕农的研究发现，由于他们来自不同的地区，并且彼此之间缺少整合机制，因此采取个体化的生存策略。在个体化的生存策略下，代耕社区缺少凝聚力，代耕农群体难以应对当地村民的排斥与挤压。而苗族代耕农的生存策略恰恰与之相反，在异己的社会环境中，他们通过亲属网络和共同的族群认同感，迅速地聚合为一个联系紧密的移民社群，并以此应对自身在移居地中所处的劣势地位。

现在，仅分布在乐安村委会辖区内的苗族移民就有八百余人，这个数字已接近当地户籍人口的三分之一。苗族移民的不断汇集，不仅使其群体规模进一步扩大，同时也使其社会根基得到进一步巩固。近年来，在市场经济的刺激下，苗族代耕农的土地观念也发生了变化。麦洞村陶文金如是讲道："对我们苗族人来说，最重要的是要有三块地：房地、田地和坟地。以前最重要的是田地；现在田地是次要的，进厂做工买粮食吃都没问题；关键是要有块房地，要有个落脚的地方，我们就可以活下来。"现在，苗族代耕农仍非常珍视他们代耕的土地，但如今土地已不再是解决温饱的生存资源，而是作为他们安身立命的生存家园而存在。

五、结论

在传统农业社会，获得定居权不仅可以获得身份上的归属感，同时也意味着可以分享村落社会中的各种资源。一般来说，外来群体很难在移居村落获得土地并取得定居权。然而，在市场化的社会环境中，农民的生计活动的重心已经转移到城市工业体系中，村落不再是农民获取生存资源的主要竞技场。特别是在土地商品化的浪潮下，村落社会中土地和房产交易日益频繁，地籍与户籍、户籍与定居地之间的一致性也随之被打破，从而使村落社会的定居权失去了原初的意义。相关研究表明，在靠近城镇的农村，因土地的升值和村落利益的增多，使得村落中的定居权问题更为敏感。（折晓叶，1996；李培林，2010）而阳江地处珠三角外缘地带，经济社会发展相对滞后，土地价值尚未凸显出来，村落定居权中附着的利益也相对有限，这使得苗族代耕农能够在此地定居下来。

诚然，外来群体难以取得村落社会的定居权，但这并不意味着他们没有机会"成为村子里的人"。以往对村落外来群体的研究，往往将他们视作一个处于社会结构控制下的弱势群体，进而忽视了这一群体的主体性和能动性。从苗族代耕农的定居策略可以看出，他们并非社会结构中的被动行动者，而是在迁移流动的过程中，重新建构着自身的生存空间和社会网络。现在，困扰他们的并不是当地村民的排斥，更主要则是来自于当前户籍制度的种种限制。在当前的户籍制度下，个体的成员权利被限定在一定的行政区域内。一旦脱离了户籍限定的行政区域，个人就会失去一系列的成员权利，甚至会沦为社会夹缝中的群体。在人口跨界流动日益频繁的今天，如何理顺地籍、户籍与定居权之间的关系，需要我们在理论上和制度上做出进一步探索。

参考文献

陈锋：《"祖业权"：嵌入乡土社会的地权表达与实践——基于对赣西北宗族性村落的田野考察》，《南京农业大学学报》2012 年第 2 期。

陈奕麟：《香港新界在二十世纪的土地革命》，《"中研院"民族学研究所集刊》1986 年第 61 期。

杜鹰、白南生：《走出乡村：中国农村劳动力流动实证研究》，经济科学出版社，1997。

费孝通：《江村经济——中国农民的生活》，商务印书馆，2005。

费孝通：《乡土中国》，人民出版社，2008。

赵冈：《中国传统农村的地权分配》，新星出版社，2006。

郭亮：《地根政治——江镇地权纠纷研究（1998—2010）》，社会科学文献出版社，2013。

龚春霞：《地权的实践》，北京大学出版社，2015。

黄志辉 a：《工业化与城市环形扩张过程中的生态与游

耕——珠三角与北京郊区的代耕菜农》，《广东社会科学》2013 年第 6 期。

黄志辉 b：《无相支配：耕农及其底层世界》，社会科学文献出版社，2013。

黄志辉：《珠三角"代耕农"概念廓清：历史、分类与治理》，《华中农业大学学报》2013 年第 4 期。

黄宗智：《华北的小农经济与社会变迁》，中华书局，2000。

黄晓星、徐盈艳：《双重边缘性与个体化策略——关于代耕农的生存故事》，《开放时代》2010 年第 5 期。

[荷兰] 何·皮特：《谁是中国土地的拥有者——制度变迁、产权和社会冲突》，林韵然译，社会科学文献出版社，2008。

贺雪峰：《新乡土中国》，北京大学出版社，2013。

胡亮：《产权的文化视野——雨山村的集体、社群与土地》，社会科学文献出版社，2012。

陆海发：《云南 K 县苗族自发移民问题治理研究》，云南大学博士论文，2012。

李培林：《村落的终结——羊城村的故事》，商务印书馆，2010。

[挪威] 弗雷德里克·巴斯：《族群与边界：文化差异下

的社会组织》，李丽琴译，商务印书馆，2014。

申群喜等：《珠三角代耕农的生存境况及相关问题研究》，《云南财贸学院学报（社会科学版）》2006 年第 1 期。

[日] 山田贤：《移民的秩序——清代四川地域社会史研究》，曲建文译，中央编译出版社，2011。

[法] 萨维纳：《苗族史》，立人等译，贵州大学出版社，2009。

向安强：《珠三角农业流动人口中的"代耕农"：困境、问题与破解》，《西北人口》2012 年第 1 期。

王跃生：《近代之前流动人口入籍制度考察》，《山东社会科学》2013 年第 12 期。

杨渝东：《永久的漂泊——定耕苗族之迁徙感的人类学研究》，社会科学文献出版社，2008。

杨菊华：《从隔离、选择融入到融合：流动人口社会融入问题的理论思考》，《人口研究》2009 年第 1 期。

杨小柳、史维：《代耕农的社会空间及管理——来自广东南海西樵的田野调查》，《广西民族大学学报》2011 年第 5 期。

姚洋：《社会排斥和经济歧视——东部农村地区移民的现状调查》，《战略与管理》2001 年第 3 期。

郑锐达：《移民、户籍与宗族》，生活·读书·新知三联书店，2009。

周敏：《唐人街——深具社会经济潜质的华人社区》，鲍霭斌译，商务印书馆，1995。

周其仁：《中国农村改革：国家和所有权关系的变化》，《中国社会科学季刊》1994年第8期。

朱冬亮：《社会变迁中的村级土地制度——闽西北将乐县安仁乡个案研究》，厦门大学出版社，2003。

张宏明：《土地象征——禄村再研究》，社会科学文献出版社，2005。

张佩国：《地权·家户·村落》，学林出版社，2007。

赵晓力：《中国近代农村土地交易中的契约、习惯与国家法》，《北大法律评论》1999年第1卷第2辑。

折晓叶：《村庄边界的多元化——经济边界的开放与社会边界的封闭的冲突与共生》，《中国社会科学》1996年第3期。

阳江市农业局档案：《粮食问题必须引起足够的重视》，1994年，阳江市档案馆，全宗号：19，目录号：A12.2，档案室编号：62，顺序号：006。

云南省广南县地方志编纂委员会：《广南县志》，中华书局，2001。

Duncan Timms, *The Urban Mosaic* (London: Cambridge University Press, 1971), p.98.

Sulamith Heins Potter and Jack M. Potter, *China's Peasants:*

The Anthropology of a Revolution (New Haven: Yale University Press, 1990), p.334.

Kenneth L. Wilson and Alejandro Portes, "Immigrant *Enclaves: An Analysis of the Labor Market Experiences of Cubans* in Miami", *American Journal of Sociology 86* (1980): 295—319.

E. Ravenstein, "The laws of Migration: Second Paper", *Journal of the Royal Statistical Society LII*(1889):241—301.

David Faure, *The Structure of Chinese Rural Society: Lineage and Village in the Eastern New Territories, Hong Kong* (HK: Oxford University Press, 1986), p.2—44.

Jonathan Unger, *The Transformation of Rural China, Armonk* (New York: M.E. Sharpe, 2002), p.122.

James Scott, *The Art of Not Being Governed: An Anarchist History of Upland Southeast Asia*(New Haven & London: Yale University Press, 2009).

附录一

北京市大兴区代耕菜农问卷调查描述报告 ①

黄志辉

　　自 20 世纪九十年代以来活跃在北京郊区的底层劳动群体——代耕菜农，一直未得到学界的充分关注，也没有得到相关政府部门的应有重视。该群体主要来自山东、河南、河北等地，在北京郊区租地耕作，主要以种植蔬菜为生，为城市居民或城郊工人群体提供规模巨大的新鲜蔬菜。2004 年至 2012 年，是该群体的旺盛存在期，仅在丰台、房山、大兴一带，代耕菜农的人口规模就达到 4 万人左右。1992 年以来，伴随着北京市区向南的都市化、工业化建设进程不断扩展，以及相应流动人口管理政策的调整，该群体一直处于"游

---

　　① 本报告是"地权分置视野下的土地关系新构造与当代中国代耕现象研究"（项目编号 16CSH054）及"北京郊区环形扩张进程中的代耕现象与嵌入式发展研究"（项目编号 15SHB016）项目的研究成果之一。

耕"状态，代耕种植蔬菜的核心区从丰台、房山，转到今天的大兴区。虽然人口规模有所缩减，但其劳动形态、生存境况以及与北京市民生问题的密切联系程度，仍然值得我们重点关注。

除了北京郊区，在长三角、珠三角等都市化规模较大的地区，还有数十万之众的代耕菜农群体。本报告立足实地的田野调查，以深度访谈和问卷调查结合的方式，希望全方位呈现北京郊区代耕菜农群体的劳动过程、耕作形态、生存境况以及他们与市场，与当地社会的关系。研究目的是多重的：我们不仅希望为北京农业的特殊形态提供一个剖面图，而且希望为全国不同地区的代耕菜农群体研究提供一个比较范本，以期复原改革开放四十年以来现代中国城郊"小农"的真正面貌，并为相关政府部门有效管理该群体提供实证依据。

一、京郊代耕菜农聚集区与调查样本概况

截至 2018 年 7 月 10 日，从北京市大兴区青云店镇至长子营镇，聚集了 2500—3500 户左右的代耕菜农。在青云店镇，共有约 11000 个耕作大棚，长子营镇的大棚也不低于 5000 个。尤其是青云店镇，除农家乐瓜果采摘以及鲜花种植的大棚以

外，半数以上的大棚都是用于代耕菜农种植蔬菜——这是目前北京城郊最为集中的自雇型①外地菜农的种植片区，我们可以称其为北京郊区蔬菜代耕区。这些菜农中的很大一部分人，之前在大兴区黄村镇以及新发地周围的当地村庄租地种菜。如果再往回溯至2000年左右，从南三环往大红门一带，也是代耕菜农的集中耕作区。随着北京市城区的环形扩张速度不断加快，以及城市经济和人口结构的不断调整、转变，代耕菜农群体在过去二十年间，从北京南部二环、三环的耕作区，逐渐被动游耕②至四环、五环，呈逐年往南、往东迁移的态势。以往租耕的土地，不断转变成商品房、工商业用地、公共绿地、农业企业用地。即使在当下，他们所租来的耕地也一直是政府、企业、当地人重点关注并持续调整的对象。

我们在上述代耕区选择了三个村庄作为调研点，以判断抽样的方式展开问卷调查。总计样本量213个，涉及213户菜农家庭。其中，青云店镇大张本村、小张本村共计167个样本；长子营镇朱庄村共计46个样本。所调研的菜农籍贯来源分布如下：山东，108人（其中96位来自菏泽市曹县）；河南，73人（主要来自周口与商丘）；河北，15人；安徽，

---

① 此外，在一些种植蔬菜的农业公司中，还有一些外地菜农受雇于公司、企业。

② 所谓"被动游耕"，是指代耕菜农在并非自身完全意愿的情境下，在不同时间、不同地点流动耕作的情形。

11 人；四川，3 人；湖北，2 人；黑龙江，1 人。大多数菜农依地缘关系聚居在一起，每位菜农及其家人居住在一个棚户（或当地人的平房）之内。由于菜农主要采取夫妻耕作的形式，所以一个样本几乎代表一对代耕农夫妻，213 个样本涉及 210 对夫妻（其余 3 个样本均是单个人在北京耕作），调查范围涵盖 423 位代耕菜农。

在 213 个直接调查对象中，男性 134 位，占比 63%；女性 79 位，占比 37%。绝大多数菜农本身是农业户籍，样本中仅 5 位为非农业户口。样本平均年龄 43.7 岁，比起我们研究过的珠三角、长三角地区，北京郊区的代耕菜农的年龄稍微年轻一两岁。调查样本中年龄最小者 21 岁，最大者 68 岁；30 岁以下、60 岁以上的案例极为少见，80% 的样本量集中在 30—60 岁之间（与全国各地类似，无论男性、女性，代耕菜农的年龄都集中在四五十岁范围内）。在教育水平方面，绝大多数菜农属中低端教育水平，其中"小学及以下"共计 66 人，有效百分比占 36.9%，"初中"97 人，占比 54.2%，"高中及专科"14 人，占比 7.8%；"高中以上"2 人，占比 1.1%；缺失值 34 人。年龄偏大、教育水平偏低，是北京郊区乃至整个东部中国各地代耕菜农群体的总体特征。

表 1　调查样本的基本人口特征

人口变量	统计值
性别	男，134（63%）；女，79（37%）
户籍	农业户籍，217；非农业户籍，5；缺失值 1
年龄	均值 44.34；最小值 21；最大值 68；标准差 8.59
教育	小学及以下，66（36.9%）；初中，97（54.2%）；高中及专科，14（7.8%）；高中以上，2（1.1%）
样本其他信息：青云店镇大张本村、小张本村与长子营镇朱庄村，抽样框估约 1500 户，3000 人；样本量 213，直接涉及约 423 位菜农。籍贯主要来自山东、河南。	

二、租金、合同、成本、技术

（一）生产单位

菜农一般居住在自己所租土地周边。在我们调查的样本中，有 79% 的菜农居住在自建棚户之中，一般一对夫妻居住一个棚户（有时还有老人、小孩居住其间）；21% 的菜农租住在当地人盖的房子里（这些样本主要集中朱庄村——朱庄村离市区更远，当地人闲置了较多空房，房租较为低廉）。

每一个棚户是一个生产单位，在耕作经营过程中各自独立。从耕作面积上来看，68% 的菜农所租的土地面积范围在3—8 亩的范围内，平均租地 5.45 亩。每户菜农经营维护 4 个左右的大棚。在大张本村与小张本村，一般是 2 个高棚，2个矮棚；在朱庄，一般是 2 个高棚，1 个矮棚，1 个土棚。矮棚和土棚都属于小棚，面积小、高度低，用于播种、育苗、移栽以及小面积种植蔬菜，修建和维护成本较小。

（二）土地租金

在一个合同期内（一般是 4 年左右），每亩地每年的租金相对稳定。目前，青云店镇的耕地年租金主要在 2000 元至 2500 元不等，地租视土地的交通、灌溉、肥力等因素的不同而不同。目前调查的 213 户菜农的平均地租为每年每亩2197 元。结合耕种面积来看，每户菜农每年的地租成本大约为 10000 元左右。在一轮 3—4 年的租期内，地租相对是不会变化的，因为有短期合同约束。从长期来看，菜农们所耕种的土地租金处于相对波动的状态中。每过一个租期，地租都会上浮一次。仅从他们目前耕种的地块来看，有 40% 的菜农回答还未涨过土地租金。那些仅耕作两三年的菜农（样本中有 76 户菜农尚属首次出来耕作），经验所限，还不能判断地租是否上涨；但半数以上的老菜农都预测地租将会上涨——他们估计下一轮租期的地租将在 2500 元以上。

（三）租地合同

在北京所有的代耕菜农中，有80%的菜农家庭单独向当地人租地耕作，但他们中间大多数是地缘性的聚耕——三五户老乡挨在一块。20%的菜农合作租地，租好地后再次分配土地，但他们的租地合同均是单户与当地签订。

80%的菜农有明确的租地合同，甲方几乎都是当地村民小组或村委会。甲方是卖方市场，一般是菜农找上门与当地人协商租地。20%的菜农之所以没有合同，主要是因为转租或从二手"地主"中再次租地，承租过程依靠熟人做中介，手续不够完整。

调查对象中总计166位菜农明确回答了合同内容如何设定的问题。其中36位（占比21.7%）认为"不需要协商，完全由当地人确定"；62位（占比37.3%）认为"有一些协商，主要视当地人的决定而定"；47位（占比28.3%）表示合同是"双方充分协商"而来的；仅有10位菜农（占比6%）认为自己的合同及合同年限基本是由自己单方规定的；也仅有11位菜农（占比6.6%）表示"不需要协商，参照以前的或市场上的租地年限而定"。总体上来看，北京大兴郊区菜农的合同制定权主要是由当地人单方约束的。合同年限、地租、押金的约定基本不是市场或政府参与制定，而是由在市场或当地政府中占有利地位的当地人来制定。

所有曾经流动耕作过的菜农，在讲述其流动耕作的原因时，81.7% 的人表示是"合同期已满，甲方不允许再租地"。具体来说，那些不断游耕的菜农之所以不断流动耕作，主要是因为两个原因：一是土地收作他用，例如用作工商企业或转租给农业公司、种植大户，变更了土地用途；二是租金高比例上浮，菜农承担不起。当我们追问研究对象此次合同到期后是否续签时，69.2% 的菜农表示合同到期后将会继续耕作；28.4% 表示将不再在当地耕作下去；仅有极少数耕作者表示目前不太确定。

表 2 合同如何协商制定

合同双方协商判定合同的方式	频数	有效百分比
不需要协商，参照以前的或市场上的租地年限而定	11	6.6%
不需要协商，完全由当地人确定	36	21.7%
双方协商，主要视当地人的决定而定	62	37.3%
双方充分协商	47	28.3%
双方协商，主要视自己的意志	10	6.0%

（四）"劳动—资本"双密集投入与劳力雇佣

代耕菜农种植蔬菜的产量奇高（后文将会详述），高产量意味着高投入。首先主要是劳力的投入。在 212 份样本中，菜农平均每天劳动 13.2 个小时，在收获或播种时刻，会劳动高达 18 个小时（农忙时节每天平均劳动时间 17.45 小时）。而且几乎没有休息。在炎热或严寒的时候，高强度劳动的同时，还要抵抗恶劣天气，劳动强度对于常人来说，可谓难以忍受。所以当我们明白了这份投入以后，他们还经常说这种工作比起打工"很自由"，让调研者不断唏嘘。另外最重要的投入便是资金投入。一对刚来北京郊区耕作的夫妻，除了要租地、购买农具、搭建棚户、购置种子化肥等成本，还要应付技术、陌生环境上的软性成本。在硬性投入方面，新来耕地第一年的投入一般在 50000 元至 80000 元左右。我们调查的样本表示他们第一年的平均投入为 56255 元。这种高强度劳动与高密度资本投入的农业生产方式，类似于黄宗智教授称为"劳动—资本"双密集型的农业，但菜农投入的强度很可能还要超过黄宗智先生的预期。

一年四季有不断的农忙节点，尤其是在收割蔬菜的时候，夫妻二人的劳力应接不暇。有 57% 的菜农表示一定要雇佣工人来种地。雇工的主要来源如下："零散流动的散工"（57.8%）、

"周围菜农农户邻居"（19.8%）、"当地人"（16.4%）、"周边工厂工人（在假期或工闲时期）"（4.3%）。这些雇工以按小时结算工资的形式，临时被菜农聘用。所聘用的工人主要有两种工作，一是收割，二是装车，这都是在蔬菜收获时的工作。

当前的问题是，大多数菜农不断抱怨工人越来越难聘用。尤其是北京近几年调整了劳动力市场结构，以及大量工厂外迁，很难找到临时工来摘菜。并且由于小时工资并不算高（一般是每小时10—15元），因此没人愿意在菜地里打工。菜农自己很少受雇于他人，不过在邻居很忙的时候，10%的菜农表示会受雇，领取一定薪金；还有16.2%的人表示"多少会义务帮助一下老乡，邻居"。

（五）技术学习与适应

在北京郊区种菜的菜农几乎来自外地。这些异地耕作者不仅身处陌生社会，也处于陌生的自然环境。虽然小农耕作习性相同，但是土壤、水文、气候以及耕作产出模式的不同，会大大影响耕作技术的类型。代耕菜农面对市场，要求高效产出，其生产技术与传统小农截然不同，所以技术再学习本身是个问题。在所有调查的菜农中仅有21.3%的菜农表示自己不用再学习技术，一到北京就会种菜，不需要再适应的时间；42.6%的菜农表示需要时间自己单独展开摸索；36.1%的菜农表示自己的种菜技术主要得益于"跟着其他农户学习"。

三、产量、销售、收入、风险

（一）种植类型与产量

北京郊区所种植的蔬菜类型以叶菜为主。菜农偏好叶菜的原因与珠三角、长三角代耕区相同，均是考虑到叶菜产量大、市场需求旺盛、生长周期短。青云店与长子营两个镇的菜农每年所种的叶菜类型描述如下：油菜、菠菜、小白菜、蒿子秆、茼蒿、芹菜、菜心、小白菜、白菜、青蒜、生菜、葱、莜麦菜、苦菊、青笋叶等等。仅有少量菜农会在权衡土地用途、市场价值、劳力限制之后，种植一些诸如豆角、卷心菜等市场价值相对不够划算的蔬菜。

与南方（尤其是珠三角地区）代耕菜农多样化的蔬菜种植类型不同，北京郊区菜农在不同季节内种植的蔬菜类型相对有限（见表3），一般是种植两三种蔬菜，还有部分菜农仅仅种植一种蔬菜。在夏季，青云店镇和长子营镇的大棚中，主要是油菜、小白菜、芹菜、葱等几种蔬菜；而在冬季，则主要是蒜苗、青笋叶、芹菜、莜麦菜等几种蔬菜。菜农主要根据季节气候、温度来调整蔬菜种植的类型。与珠三角地区不同，北京菜农凭借大棚技术，可以相对转化自然风险，所以在每个季节的蔬菜种植类型可以相对单一。这使得他们的头脑之中不需要在每时每刻应付极为多样的蔬菜种植技术——他们需要更多的时间花费在大棚的技术维护上。不过，有一点需要注意：在个体层面上，菜农种植蔬菜的品种相对单一；但是在总体层面上，各家种植的蔬菜类型仍是多样的。不同菜农会根据自身对周边农户以及市场经营的观察判断，来决定自己究竟种植何种蔬菜类型。

表 3　各种种植蔬菜类型数的分布

种植蔬菜类型数量	户数	百分比（%）
1 种	59	27.7
2 种	87	40.8
3 种	40	18.8
4 种	19	8.9
5 种	5	2.3
6 种	3	1.4

表 4　各种蔬菜种植的生产周期、产量及最高年产量估计

种植类型	访问户数	平均生产周期	每周期产量	年产量极限估计
菠菜	23	45 天	2155 公斤	17479 公斤
菜心	3	50 天	1467 公斤	10709 公斤
蒜苗	5	80 天	4250 公斤	19391 公斤
蒿子秆	8	42 天	1437 公斤	12488 公斤
苦菊	4	61 天	2200 公斤	13164 公斤
快菜	5	54 天	2875 公斤	19433 公斤
茄子	1	100 天	4000 公斤	14600 公斤
芹菜	17	96 天	3725 公斤	14163 公斤
生菜	4	52 天	1833 公斤	12866 公斤
娃娃菜	1	50 天	1500 公斤	10950 公斤
小白菜	14	43 天	1757 公斤	14914 公斤
油菜	75	48 天	2499 公斤	19002 公斤
莜麦菜	46	47 天	2376 公斤	18452 公斤

　　我们在访谈与问卷调查过程中重点追踪了各种蔬菜种植类型的生产周期与产量问题。首先，我们让菜农以他们种植的某种蔬菜为例，假设全年种植，估计该种蔬菜的生产周期。所谓生产周期，与生长周期不同，而是包括平整土地、播种、育苗、种植、收获一整个流程在内的劳动时间。一般来说，种植一茬大棚叶菜的生长周期一般在二十天左右，少则十几天，多则三四十天。但是，生产周期要更长一些，一般在五十天

左右，样本显示的平均生产周期是 53 天。那些生长期较快的蔬菜如菠菜、莜麦菜、小白菜、蒿子秆，一般四五十天就足够一个生产周期了；而那些生长周期较慢的蔬菜如芹菜、蒜苗、苦菊，生产周期要六七十天甚至更多。表 4 中第 3 列展示了菜农表述的各种蔬菜的生产周期。之所以生产周期更长，除了与生产速度慢有关，还与种植过程的护理难度，收获后清除杂草、平整土地的难度等因素直接相关。接受调查的菜农告诉我们，一般每垄土地能够在两个月内实现一次循环，每垄地上在一年内可种植 5 茬左右的蔬菜。在播种与收获之间常常无法瞬时无缝对接，经常由于劳力安排有限、土地肥力培育等原因，导致两茬蔬菜之间的生产周期相对拉长。

菜农在单位面积内生产蔬菜的产量是惊人的。从样本总体来看，忽略具体的蔬菜类型，每一个生产周期内的平均产量是 2425 公斤；结合每茬蔬菜大约平均 53 天的生产周期，假设菜农能够每年连续劳动（实际上几乎如此），平均每亩地每年的产量达到了 16700 公斤，也就是 33400 市斤，这个数字超过任何农业经济学家、农业种植专家的预测！实际上，大棚内每垄土地是采取混种模式的，即在一年中不同季节内会更换蔬菜类型。例如，小张本的一户菜农共计耕作 4 亩土地，夫妻俩一年内是轮换种植油菜、小白菜、芹菜、蒜苗几种蔬菜。结合他们的劳动时间和表 4 的数据，我们也可以估计到这两个劳动力一年的蔬菜产量在 12 万斤左右。

当然,菜农不是机器,不可能完全连轴运转,他们偶尔也需要一点自身劳动力再生产的时间!但是,京郊菜农和珠三角、长三角菜农一样,几乎都将自身的劳力放大到了极致(如前所述每日的密集劳动量),即使没有完全极限的投入,也至少在无限接近这个极限。我们根据菜农提供的信息,在表 4 中推测了每种蔬菜的年产量极限。有些蔬菜甚至一亩地能够生产将近 4 万斤!即使是那些生产周期相对长、市场价值相对高的蔬菜,极限年产量也超过 2 万多斤。虽然我们的调查数据是菜农自身估计得来的,会有一定的误差(尤其是记忆误差,但我们已经在菜农举例的时候,以菜农最熟悉且正在耕作的蔬菜类型为例),但我们完全可以推测,菜农在单位面积上的蔬菜年产量是接近这个极限的。

(二)蔬菜销售渠道

菜农主要的销售方式主要包括两种,一种是自行售卖,另一种是菜贩上门收购。在我们调查的蔬菜代耕区内,蔬菜销售模式各有不同。其中,青云店镇的代耕菜农主要将蔬菜自行拉到新发地批发市场,售卖给批发给菜贩。这种售卖方式更为辛苦,要考虑将大量时间花费在路上,而且要很早就起床,来回路程在一个小时以上。另外,靠近长子营镇的菜农主要是由菜贩上门收购，虽说菜价稍微比批发市场便宜，但省下了更多劳动时间。我们调查的 213 户菜农，有 160 户菜农是"自己拉到市场上售卖"；其余 53 户主要等待菜贩上门收购。

（三）单位年收入与单位小时收入

样本统计显示，菜农平均收入为 53000 元，这个平均数据相对保守。通过深度访谈，我们得知北京郊区代耕菜农每对夫妻、每年毛收入 6 万至 8 万元不等。总体上他们对目前的收入不太满意。在回答了自身收入状况的 178 名调查对象中，仅有 1 人表示对目前的经济收入"很满意"；27 人（15.2%）表示"比较满意"；88 人（49.4%）表示"一般"；高达 57 人表示"不满意"；5 人表示"很不满意"。但是，如果细细追问，这些人又会说不干这个干不了其他的，如果不考虑这份工作所付出的辛苦，收入相对还可以。

按照平均值来计算，一对夫妻一年的劳动时间投入 9636 个小时，一对夫妻的年均收入大概在 10 万元左右。这是比较乐观的收入估计。大多数菜农表示，他们的收入很不如意。212 位菜农给出的收入数据是平均每年 58714 元。即使按照最为乐观的年收入 10 万元计，每位菜农的小时工资也仅仅是 10.38 元（100000/2/13.2/365=10.377 元）。这甚至比他们在忙时雇佣的小时工远为廉价，因为每位小时工的工资在每小时 15 元以上。这是个体劳力极限式投入的农业生产方式，这还不考虑这些菜农投入了大量自身的资本和劳动力成本。

（四）生产的系统性风险

和珠三角、长三角的代耕菜农一样，北京郊区的菜农群体同样面临极为系统的风险，可以概括为自然风险、市场风险、社会风险与政策风险四个风险种类。所谓自然风险，与珠三角地区常见的台风灾害与病虫灾害不同，京郊菜农的蔬菜面临的自然灾害主要是冬季的冰冻与春季的风沙。冬天冰雪霜冻容易让一茬蔬菜毁灭殆尽；春夏的一场风暴又容易掀翻大棚和居住的棚户，后者带来的成本损失要比前者还大。所谓市场风险，是指市场导向的供需不受菜农所控制，当华北地区某些蔬菜的供需不平衡时会极大地影响京郊菜农；此外，由于城市化和工业化的影响，城市的蔬菜需求方在数量上会发生变化，从而通过市场影响菜农。所谓社会风险，是指当地人认为土地价格高于合同价格时，他们经常单方面希望收回土地，即使还回地租、押金，但由于搬迁导致的棚户、大棚受损，这种损失无法计算且经常得不到赔偿。最后是政策风险，这类风险是京郊菜农相对承担得更多的风险。由于工业化、城市化导致耕地用途变更，从而使得菜农流动耕作，这是各地均有的情形。但是北京的人口结构调整，尤其是近几年出现的"底层劳动力人口"的大量回流，不仅使得菜农的销售对象出现了问题，更深度地影响了蔬菜种植的劳动体系——那些大棚在收获时需要大量雇佣临时劳动力，现在很难寻找得到。

四、互动、交往、适应、预期

（一）代耕菜农群体内部的互动

代耕菜农在京郊种植蔬菜，一般是由亲戚、老乡即亲缘地缘关系介绍而来。在大小张本两个村庄，最主要的代耕菜农群体之一来自山东菏泽曹县（约占样本总量的一半）。乡亲们在租地过程中互通信息，租好地后分配土地，此后就基本各自耕作。大部分菜农都熟悉附近耕作的菜农农户，但是平时生产的过程中交往密度并不频繁。各自高强度的劳动过程把菜农棚户分割成一串独立的劳动原子单位，联系不多。不过，先天的地缘关系以及周围的低频度社交网络，也能够给他们在遇到困难时（农忙、农具器械借用、资金拆借等）提供求助对象。有三分之二的菜农表示，他们在遇到困难时"有时会"向周边农户求助。

调查对象中最早来到北京郊区种蔬菜的年份是 20 世纪 90 年代，其已在北京耕作二十余年（最新来京耕作的代耕菜农是 2018 年）。这些在北京长期劳动生存的菜农群体，通过市场与劳动关系，又有一小部分能够结识更多的菜农、当地人或其他职业群体。他们能够拥有相对更多的职业转换机会。有些菜农拥有市场信息后，转变为新发地菜贩、个体户经营者甚至是废品收购商，但该类人在菜农群体中占的比例很小。对大部分菜农来说，由于他们从事的极限农业的生产方式，导致他们在北京没有足够时间去拓展社交范围；他们职业所处的劳动力市场层次又低，即使转换职业，职业声望同样不高。因此，如果不回乡，他们中的大部分人仍然只是不断延续在北京的耕作生活。

表 5　和周边菜农交往与互动的频度

和周边菜农熟悉程度频次及百分比（%）		和周边菜农交往程度频次及百分比（%）		困难时是否求助频次及百分比（%）	
基本都熟悉	68	32.2	来往很多	45	21.6	经常会	32	15.5
熟悉大部分	101	47.9	有一些来往	121	58.2	有时会	129	62.6
熟悉小部分	34	16.1	来往很少	39	18.8	基本不会	36	17.5
基本不熟悉	8	3.8	没有来往	3	1.4	从不会	9	4.4
缺失值	1		缺失值	5		缺失值	6	

表 6　和当地社会交往与冲突的频度

交往频繁度	频次	百分比（%）	冲突频繁度	频次	百分比（%）
来往很多	1	0.5	有一些冲突	5	2.4
有一些来往	8	3.8	很少冲突	50	24.0
来往很少	60	28.7	完全没有冲突	153	73.6
没有来往	140	67.0			
有效回答总计	209	100		208	100

（二）代耕菜农群体和当地社会的交往互动

代耕菜农和当地社会的关系，以及代耕菜农内部的关系，二者相比，前者简直就是一个陌生人间的社会。我们调查的213位菜农，其中有140位直接表示，他们与本地人之间纯粹"没有来往"；有61位表示"来往很少"——其中有限的来往也是在租地、签订合同，或因为水电问题，才会有一些接触，其余时间几乎都是"绝缘"的。不过，绝缘的好处是，大部分菜农与当地人之间也很少有发生冲突的时候。围绕征地回收或水电费用、打井灌溉的事情，倒是会产生一些矛盾，但不至于起大冲突。

但是，国家的一些社会管理政策，将十分明显地影响当地人与代耕菜农之间的关系。比如，近几年大兴区的棚户改

造政策，要求所有菜农自行拆掉所有居住棚户，租住在当地
社会之中。在大小张本，由于菜农群体巨大，当地村庄根本
无法消纳这么多住户；况且菜农不愿意远离耕作地劳动；房
屋租金太高又无法承受。在高压政策之下，菜农受到了断水
断电的威胁，目前菜农希望合同甲方即当地村委协商解决这
些事务，但显然无法达成目标，二者之间各自颇有怨气。在
朱庄村，许多菜农租当地人的房子居住，却并没有拉近各自
距离。相反，菜农群体被贴上了"底层""贫困"的标签，当
地人并不愿与其更多地交流接触。

（三）代耕菜农群体和京郊工人群体之间的交往互动

除了代耕菜农群体内部以及与当地社会的交往之外，代
耕菜农群体还经常与打工群体交往。可以说，大部分种菜者
之前就是打工者。在 213 位调查对象中，有 132 人（62%）表
示曾经打过工，之所以不打工转来种地，主要是三个原因：
一是觉得工厂太不自由才来种菜；二是结婚成家以后，在工
厂打工就无法照料家人（尤其是小孩、老人）；三是有些菜农
认为工业不够景气、打工不赚钱，从而转来种菜。

种菜之后，他们有一些乡亲还在北京郊区的工厂打工。
三分之一的菜农表示他们家乡的亲属有在附近工厂、企业、
服务行业打工；绝大多数菜农还因此认识更多在附近工作的

老乡。此外，一些在附近游荡工作的工人，由于只是做散工、临时工，还经常被菜农在农忙时节聘用。自 2016 年北京市调整劳动力人口结构以后，郊区的零散劳工急剧下降，菜农很难聘用到劳动力。此后的耕作过程将更为艰难。

（四）劳动适应与未来期待

对于这种在外地的高强度耕作劳动，菜农们表示在生产生活上均比较适应，很少有菜农表示适应不了想要弃耕的情况。极少数几人认为不适应北京的耕作，也是因为是新手。

对于菜农群体来说，家庭生计的维系与子女教育的满足，是最大的生存刚需，其次是在城镇购房与养老负担。在我们调查的样本中，几乎每对菜农夫妻都有两至三个孩子。在 192 位（21 位缺失）回答者中，总计 24 位菜农在县级以上城市购买了住房（其中 21 位在镇县、3 位在地市购置房屋），有效百分比 12.6%，且该比例呈上升趋势，因为各位回答者在总体上表现出了在城镇买房的欲望。那些有一个或两个儿子的菜农，迫切需要在城镇购房或建房，这是老家婚姻市场的基本配置要求，这种要求给他们的种植劳动添加了负担。

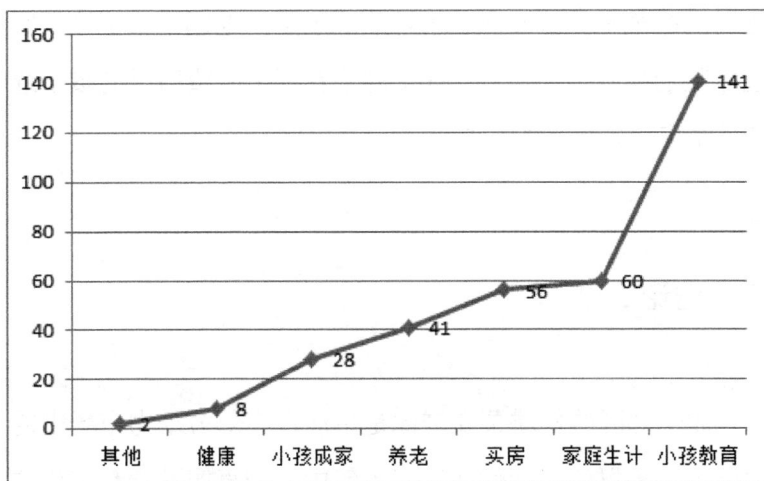

图 1 代耕菜农群体各种需求的强弱分布

由于劳动强度与生产安排的限制，菜农很少回老家。176人（占比 84.6%）表示他（她）"一年或更长时间一次"回一次家；28 人（占比 13.5%）表示半年回老家一次；仅有4 人说"两三个月一次"。老家的土地主要"流转给亲友"（77.3%）；"流转给大户"（7.7%），收取一定地租；"流转给集体"（3.1%）；"被征用"（2.1%）；"闲置"比例不高，占比4.6%；"其他"5.2%；缺失值，2.3%。家乡的土地是这些菜农的基本生存保障。很多菜农表示，"这里（北京）种不下去了，就回老家继续种菜。"

几乎所有菜农都认为自己的职业"辛苦"，60% 的菜农表述自己经常有身体疲惫、累坏了的感觉。他们不希望这种职业体验延续到下一代——90% 的菜农都不希望自己的孩子继续从事自己正在干的职业。

五、结论

北京郊区的代耕菜农群体是生活在京郊劳动力市场中的底层劳动力群体，他们在近三十年中，一直伴随着都市化的过程往更远的郊区"游耕"。在这个过程中，代耕菜农群体为北京都市化与经济建设提供了规模巨大的物质基础。根据以上调研数据，代耕菜农每年给北京市民及流动人口提供数十亿斤的新鲜蔬菜，为北京民生建设贡献了巨大力量。但该群体的生存条件、劳动境况十分糟糕，劳动强度极大，而且一直处于社会边缘，关键是因其被动生存的境地，耕作权益和劳动身份的归属性没有实在的保障。我们甚至可以假设，如果北京郊区失去了这一劳动力群体，蔬菜市场的价格体系完全会出现巨大浮动，北京市民将完全依赖交通运输体系以及北京以外的蔬菜供应市场来维系自身的运转，这将使得首都的民生体系处于部分的不确定性之中。由于相关部门对该群体的相对忽视、遑论对应的管理体系，使得该群体的价值与问题一直得不到相关重视。马克思在研究法国农业社会时，将小农视作一袋没有联系的"马铃薯"。代耕农之间存在具体又抽象的联系，但又完全缺乏基本的整合力量，无论内、外，他们都失却联结的动力，整个社群内外，一盘散沙。此外，对于学术界来说，有关中国农业生产力与单位面积产量的问题，一直是经济学、农学、社会学探讨的焦点，而本报告研究的代耕农及其生产方式，属于"劳动—资本"双密集型投入的经营方式，可谓极限的内卷化耕作。

附录二

代耕菜农群体的生产与生活：
北京市大兴区朱村田野调查报告①

李旭东　黄志辉

一、游耕至朱村的代耕菜农概况：耕作经历的转换及
　其缘由

　　朱村地处北京市大兴区长子营镇马朱路东侧、安采路北侧、京福路 G104 南侧、岳村和下村西侧，全村区域面积约 4200 亩。其中村庄建筑占地 840 亩左右，村中种植梨树、桃树、枣树等 2000 多亩，耕地面积约 1000 亩（其中 900 多亩用于建蔬菜大棚、100 多亩用于种植杨树）。该村的土壤类型

①　本报告是"地权分置视野下的土地关系新构造与当代中国代耕现象研究"（项目编号：16CSH054）及"北京郊区环形扩张进程中的代耕现象与嵌入式发展研究"（项目编号：15SHB016）的研究成果之一。李旭东，中央民族大学民族学系博士研究生。

为潮土类，土质肥力较好，土壤通透性较强，适宜多种作物生长。全村现有 463 户村民，约 1200 人，租房居住的外地流动人口约有四五百人，主要是代耕菜农（约 200 人）、花农（约 100 人）和农民工（约 100 人），村内人口主要从事第一产业、第二产业。

聚集在朱村耕作的代耕菜农群体，共约 100 户、200 人（每户一对夫妻）左右。三分之二的人来自山东菏泽，由亲缘关系介绍而来。但每一户来到朱村的代耕菜农，各自有着自身不同的生命轨迹。我们访谈的其他代耕菜农，来此地之前都从事过其他工作，或在家乡种地，或出外打工，或做销售，或干装修工作，等等。当然也有一些已经转行，如赵哥由代耕菜农身份转变为销售商身份，从事出售大棚膜、化肥、菜籽、农药、棉被等工作；刘哥现已从种菜转换为出售桐木拼板。他们大多数曾有在工厂、城市的工作经历。代耕菜农离乡后不断变动的工作经历，有两个主要特征：大部分人有两三次以上的工作更换经历，而且均与种菜有关；部分人最初从事打工职业，后转至种菜谋生。代耕菜农受到国家政策、市场经济、基层政府以及个人选择等因素的共同作用，导致了他们的"异因同果"——他们是被土地和市场束缚的一群人，同时也是承载着和实现着个人与家庭意义的一群人。具体来看，北京郊区代耕菜农的流动原因具有多样性和特殊性。

致使游耕经历各不相同的原因有很多种，以下三个原因是显而易见的。

第一，北京的环形都市化建设，频繁更迭耕地用途，使得代耕菜农由北向南、由西向东不断游耕。北京城市建设的一个特点就是呈环形状分布，现在已经建成了七个环状圈。20 世纪 90 年代，北京市的城市化、工业化进程刚刚起步，此后便进一步得到快速发展。最早到达北京郊区种菜的代耕菜农经历和见证了北京城市扩张的进程。他们起先在丰台区岳各庄和看丹村租地种菜，后迁移到丰台区云冈和南苑机场附近，之后又到大兴区瀛海和团河农场，最后迁到了现在所在的大兴区青云店镇和长子营镇。这些迁移地点可以有效地反映出北京城市环形扩建的进程，城市建设用地和农业用地之间的张力，以及工业化、交通运输与城市化三者的相互作用。相较于珠三角和长三角，北京市人口政策更具影响力。代耕菜农们的迁移或游耕大多是被动的，基层政府借着国家政策的力量来巧妙地调节代耕菜农与土地利用之间的关系。一旦国家发布有关征地、修路、建厂、城市扩建等政策时，基层政府或当地社区就会借政策之力来驱赶代耕菜农，让他们早日离开以免耽误更大的利益。

第二，村庄社区内部土地用途微观调整，招揽菜农入村租地耕作。朱村的代耕菜农主要是从 2009 年开始聚集的，此后其他菜农陆续来到此地，这与近年北京郊区乡村建设与经济发展的要求相一致。朱村村委会委员告诉我们，朱村是长子营镇最先实行大棚种植的村子。在修建大棚之前，该村有外地人租地种植玉米、小麦和一些大菜（如西红柿、黄瓜等）。该村于 2008 年开始建少量大棚，在大棚修建完成后的第一年，当地人在自家地里首先尝试种植蔬菜，由于缺少必要的知识和经验，村民所种植的蔬菜良莠不齐、质量不佳、产量不高。因此，之后由朱村村委会统一向村民以支付租金的方式收回土地，然后村委会通过宣传让代耕菜农租种土地。起初朱村每亩地的租金为 500 元 / 年，随着京郊城镇化和工业化的发展，耕地租金也在相应地提高，涨到了现在的每亩耕地 1400元 / 年。可以说，以朱村为代表的京郊南六环地区承接了之前西四环、西五环、南四环和南五环的农业功能，也即大兴区的部分地区承接了之前丰台区部分地区的功能。这样一种类似"中心—边缘"的功能关系构成了北京城市环形扩张的一部分。

第三，代耕菜农迫于生计，外出租地谋生。他们在老家，人多地少，一人只有五六分地，养活不了一大家子，更赚不了大钱，所以他们出来谋生；部分菜农由于自己文化程度低，在工厂只能干苦力，工资低。相比之下，种地虽然累，但可以多赚一点钱，可以维持和补充家庭生计。同时，部分京郊代耕菜农之前并没从事过种植业但仍然选择这一行，因此，我们不能只强调他们因为长期的耕种生活而养成了自由的习性，还应该注意到他们的打工经历带给他们的感受和体验。当笔者问他们为什么不去工厂打工时，绝大部分菜农都回答："工厂管束太严，不自由，还要看别人脸色；种地则要自由一些，工作时间和工作量都由自己安排。"

二、朱村代耕菜农的劳动安排、实践智慧与市场交换

（一）生产工具

在生产过程中，京郊代耕菜农所有的生产必需品（即生产资料）全部都要自己花钱购买，诸如菜籽、灌溉用水、农药、化肥、牛粪、割菜刀、铲子、耙子、铁锹、耕地机、播种机、塑料膜、遮阴网、卷帘机、棉被、草帘、摩托三轮车、电动三轮车等。一般而言，菜籽、农药、化肥、割菜刀、铲子、耙子、铁锹、耕地机、播种机、摩托三轮车、电动三轮车等从长子营镇和采育镇的商店或朱村里的店铺中购买，塑料膜、遮阴网、卷帘机、草帘、棉被则从专门到田地里出售生产用品的销售商手中购买。

菜籽通常分为夏菜籽和冬菜籽；农药主要是杀虫药和除草剂；化肥主要使用含有硫酸钾的化肥（因为朱村耕地主要以沙土为主）；割菜刀是一种市场上随处可买到的简易小刀；耕地机是通过燃烧柴油而发动的小型人工机器；播种机是一个由把手连接播种器而构成的简易装置；透明的塑料膜和黑色的遮阴网覆盖并包围着大棚；卷帘机通过电力装置产生动力，其被用于温室大棚上方的草帘或棉被的铺开与收起；摩托三轮车用于把成筐蔬菜从菜地里运输到货车边上以及用作菜农的代步工具；电动三轮车主要是代步工具。这些工具的用途十分明晰和精确。

（二）不同的大棚形态

朱村有三种大棚类型，即白棚、砖棚和土棚。三种菜棚的区别为：白棚主要是由钢筋架构和塑料膜组合而成，大体呈现为横着的半个类圆柱体形状；砖棚是把砖墙、钢筋架构和塑料膜三者结合而建的菜棚，大体呈现为四分之一类圆柱体；土棚则是在地表之下挖大概一至两米深的类长方体状的土坑，其土墙体厚度约为四五米，土坑深度约有一两米。在朱村的菜棚类型中，白棚最早修建，其次是砖棚，最后是土棚。每种大棚都是按占用土地面积的大小来收取租金，三种类型的菜棚面积分别为白棚 0.6 亩或 0.8 亩、砖棚 0.8 亩、土

棚 1 亩或 1.2 亩（一亩约为 666.67 平方米），年租分别为白棚
1400 元、砖棚 4500 元、土棚 8000 元。不同类型的大棚在不
同季节，其优势不同。夏季时，白棚里种植的蔬菜质量优于
其他类型的大棚。冬季时，土棚里种植的蔬菜比其他两者所
产蔬菜周期短、产量多、质量高。春秋两季，三种类型的大
棚不分伯仲，在蔬菜生产周期、蔬菜产量和质量方面都不相
上下。

　　就全年的一般情况来看，白棚是从农历三月开始耕种，
可以持续耕种到农历十月底，这八个月中蔬菜的生长周期（以
"茬"为单位）为一个月左右；从农历十一月份开始直到次
年农历三月初，这四个月中蔬菜生长周期为两至三个月。砖
棚也是从农历三月开始耕种菜籽，可以持续耕种到农历十一
月初，这八个多月中蔬菜的生长周期为一个月左右；从农历
十一月份中旬开始直到次年农历三月初，这约四个月中蔬菜
生长周期为两个月。同样，土棚也是从农历三月开始耕种，
可以持续耕种到农历十一月底，这九个月中蔬菜的生长周期
为一个月左右；从农历十二月份开始直到次年农历三月初，
这三个月中蔬菜生长周期为一个半月左右。

　　随着季节的不同，每种蔬菜的生长周期也各异。一般而
言，气温越高的季节，蔬菜生长周期越短，但也有例外。就
白棚而言，夏季时，油菜的生长周期为 30—35 天，茼麦菜

的生长周期为 25—28 天；冬季时，油菜的生长周期是 80 天左右，莜麦菜的生长周期是 70 天左右。一年都可以种 6—7茬。白棚中的每种蔬菜在不同季节产量也不同，莜麦菜在夏季的产量为 2500—3000 多斤，冬季产量为 4000—5000 多斤；油菜在夏季的产量为 3000—3500 多斤，冬季产量为 4000—4300 多斤。就砖棚而言，夏季时，油菜的生长周期约为 30天，莜麦菜的生长周期约为 25 天；冬季时，油菜的生长周期是 60 天左右，莜麦菜的生长周期是 50 天左右。一年可以种7 茬。砖棚中的每种蔬菜在不同季节产量也不同，莜麦菜在夏季的产量为 3500 多斤，冬季产量为 5000 多斤；油菜在夏季的产量为 3000 多斤，冬季产量为 4000 多斤。就土棚而言，夏季时，油菜的生长周期为 30 天左右，莜麦菜的生长周期为25—30 天；冬季时，油菜的生长周期是 45 天左右，莜麦菜的生长周期是 40 天左右。一年可以种 7—8 茬。土棚中的每种蔬菜在不同季节产量也不同，莜麦菜在夏季的产量为 4000多斤，冬季产量为 6000 多斤；油菜在夏季的产量为 3500 多斤，冬季产量为 5000 多斤。菜农段大爷说："在冬季，土棚种植蔬菜比其他两种大棚的周期短、产量大、质量高。一年中，在棚里种植的蔬菜比在露天种植的蔬菜质量好，前者质感柔顺、鲜艳、有光泽，后者干燥、粗糙。对于土棚而言，冬天的蔬菜产量高于其他季节的产量。一般而言，冬季的菜价也高于其他三季的菜价。"菜农们普遍认为，暖棚比冷棚难管理，莜麦菜比油菜难管理。

（三）劳动安排中的实践智慧

就整个朱村而言，除了花农种植各种花卉外，朱大路路西的土棚里主要种植莜麦菜，路东的白棚和砖棚里则主要种植油菜。但也有极个别的例外，如有些菜农会在土棚里种油菜，有些则会在白棚和砖棚里种莜麦菜，还有些则会在菜棚里种植芹菜等蔬菜。他们在以大棚为主的物理空间中，在"标准农期"内安排着各自的"农作参差期"，积极地生产着自己的劳动内容和进行着空间实践。

代耕菜农们主要集中种植两种蔬菜：油菜和莜麦菜。两类蔬菜的耕作收割过程与步骤分别如下（其中有些步骤顺序略有差异）。一是莜麦菜的耕作收割过程与步骤：清理地面垃圾—施肥—耕地—平地—垒坎（一个大棚被分为多个小块）—打除草剂—（提前20—30天育苗）边捡苗、边栽苗、边浇水—过一周后浇返苗水—每隔四五天或一周打一次防虫药—割菜—清理地面垃圾。二是油菜的耕作收割过程与步骤：清理地面垃圾—施肥—耕地—平地—垒坎（一个大棚被分为多个小块）—打除草剂—边撒种、边浇水—间苗—过一周后浇返苗水—每隔四五天或一周打一次防虫药—割菜—清理地面垃圾。"每种农作物在生长期中所需农作活动的性质是有段落的。"这些蔬菜每被收割一茬，菜农们便要准备下一茬蔬菜的种植，开始清理垃圾、机器翻地、撒肥、耕种等新一轮种植过程，没有停歇的时间和机会。这两种蔬菜的耕作过程有两个步骤有所不同（其他步骤都相同），即种植莜麦菜时需要提前育苗（育苗周期为 20—30 天），需要手工栽苗，不需要间苗；而种植油菜时则需要用播种机直播油菜籽，需要间苗，不用育苗。这种有规律性的、有节奏的耕作过程，体现了代耕菜农们劳动生产的规律性。

蔬菜的每一个生长环节都体现了代耕菜农的实践智慧。从菜籽的选择到装筐都展现了菜农们的劳动生产知识。菜籽通常可分为夏菜籽和冬菜籽（在春秋二季时，菜农一般用冬菜籽）。白棚春夏秋三季都可以使用夏菜籽，冬季时需要冬菜籽；砖棚和土棚一年四季既可以使用夏菜籽，又可以用冬菜籽。不同菜籽的结果——菜叶舒展程度、颗粒大小程度和质量高低程度均各异。菜农王叔等人于 2016 年 8 月开始使用一种之前没有用过的油菜品种，其优点是气温高时菜叶仍然舒展而不卷，外形美观，在市场上易销售；不足之处是产量低，质量不好。后来，随着天气逐渐转凉，气温逐渐适合蔬菜的成长（蔬菜不易烂掉），王叔等人在种植新一茬蔬菜时便重新使用之前用过的"华冠"牌油菜籽，其优点是产量大、质量高，不足之处是天气太热时菜叶易卷，在市场上不易卖掉。针对季节气温的不同和市场的具体需求，菜农们在夏季时使用一种"叶展"牌的油菜籽，其他三季使用"华冠"牌油菜籽。而莜麦菜籽的选择也呈现出类似于油菜籽的情况。这种具有选择性地购买与使用菜籽的方式是菜农们在长期的劳作实践过程中经验积累的结果。这种经验的运用体现了代耕菜农习性的生成和经济实践行为的运用。他们在具体的劳作过程中培养和形成了根据不同季节而选择不同类型菜籽的习性和特定的经济逻辑。菜农们根据之前选择菜籽与种植的经验来判断将来的情况，从而做出新的选择。

　　他们会把一整块土地分为若干个小部分，或 36 块，或 40 块，或 32 块，或 24 块，等等。不同的菜农有不同的分法，如小刘哥把白棚耕地分为 30 块，王叔把白棚耕地分为 24 块，段大爷把土棚耕地分为 28 块，刘哥把砖棚耕地分为 16 块，等等。当笔者看到此情此景时，心想：为什么要进一步细分田地呢？于是，笔者向菜农们询问这一现象的原因，菜农王叔说："细分田地是为了更好地管理蔬菜。如果地块短，菜一般不会烂但是比较浪费土地；如果地块长，菜容易烂但会节约土地来种更多的菜。"在较为具体和狭小的物理空间中，菜农们通过自己的实践方式对这一空间进行细化，使其产生更大的效用。

农药是目前中国农业种植中的必需品，菜农们主要使用两种农药：除草剂和杀虫剂。他们背着一个盛满药水的塑料箱，借助一根细管和一个喷头，来给蔬菜打药。打药一般是男性菜农的事情，但也有女性菜农干此活。小刘哥说："由于国家政策的规定，农药不能超过一定含量的毒性，所以现在市场上卖的农药效力较之前差了许多。"之前，他在使用购买的农药时，只需要在一茬蔬菜里每隔一周喷洒一次就可以杀死虫子（主要是青虫），而如今则需要每隔三天喷洒一次才能把虫子"赶跑"。因此，这也导致菜农们用药频率的提高，以及用药总量的上升，但是仍在一定程度上减轻了蔬菜里的药物毒性含量。

蔬菜的整个自然生长过程，要受季节和气温的影响。从幼苗到结果，蔬菜都受到生态时间的影响。作物根据节气的不同呈现出不同的异质性的生长过程，而不是均质性的样式。菜农们会根据二十四节气、阳历和阴历来观察和描述蔬菜的生长阶段。同时，他们也使用机械时间来安排一天的劳作，尤其是在割菜和装筐过程中更是如此。这种多重时间概念的运用使得菜农们可以精确地区分不同事物的状态以及合理地安排不同的事情。

割菜和装筐是菜农们最为重要的劳动生产过程之一。根据菜贩收购时间的不同，菜农们也有相应的不同的割菜时间。

有些菜贩是前一天晚上"下筐"（即预购收菜），第二天下午一两点来拉菜；有些菜贩则是上午十点左右下筐，傍晚七八点来收菜。下筐时间和拉菜时间的不同取决于菜贩是白天卖菜还是晚上卖菜，以及卖菜速度的快与慢等因素。绝大部分菜农会接多家菜贩的筐，而不只是一家；同时同一个菜贩也给多家菜农下筐。如2016年8月5日，王叔夫妇接了28个筐，共提供给4个菜贩，分别是9个筐、8个筐、6个筐和5个筐。菜农们一般根据货车的颜色和车牌号来分辨具体是哪位菜贩。

菜农们一边割菜的同时一边装筐。他们为了使菜在装筐时不受损、不被折坏，把菜头向外、菜叶向内来装筐，这样的摆放方式还可以使一筐多装几斤菜。筐底的菜可以放得乱一点，筐上面一般都要摆放得整整齐齐。然后把装好的一筐筐菜摞起来，三个一摞，中间用报纸或塑料袋铺着，防止上一个筐子底下的泥土把菜弄脏弄坏，这样摞起来方便装车和往外出货。被摞起来的菜在等待运货的过程中用被子罩着，可以防止菜被太阳晒蔫。在菜品大小、质量、规格一致的情况下，菜农不会精心去摆菜。但有些菜农则是通过挑选来摆放，他们一般把质量较差的菜放到最下面，把质量较好的菜放到了上面。

每年十月中旬左右，由于旧膜的透光性、保温性等都下降了，菜农们便要开始给大棚换上新塑料膜。对于白棚而言，换膜之后便进入了低迷期，即在白棚里农历十月中旬种植的菜籽，只能等到两个月左右之后（约春节过后）才能收割。在换膜的过程中，由于单个劳动力不足以完成换膜工作，所以相邻菜棚的菜农们会互相帮忙、互相协作来完成这一浩大工程。这并非减少了菜农各自的农闲长度，而是相应地加快和提高了他们的工作进度和工作效率。与此同时，菜农们把换下来的旧膜重新利用，把它用竹竿或钢管固定到大棚里面的顶上，在冬季时达到使蔬菜保温的效果。每个大棚顶上的黑纱是用来遮太阳的，既防止强烈的阳光对蔬菜造成危害，同时也为菜农们在高温的棚里割菜时遮阴。对于温室大棚而言，盖草帘或棉被是最为重要的程序之一，菜农们每天早上用机器或人力把帘子或被子掀开，晚上又把帘子或被子从棚顶上铺展开，这样是为了调节大棚内的温度，使蔬菜能够在合适的温度范围内生长。

部分菜农充分地利用了菜棚内部的空地和菜棚之间的间隙，来种植其他蔬菜。如小刘哥在两个白棚之间的狭窄空地上种植大葱和其他蔬菜，这样既可以自己食用，又可以卖给其他需要的人，一举两得。段叔除了在砖棚里种植油菜，还种植少量黄瓜等蔬菜。他在大棚的钢架上绑上铁丝，使黄瓜等蔬菜的苗沿着铁丝攀上去，这样可以充分利用大棚的空间。

白哥把自己棚旁边空地上的杂草清理掉，然后种上莜麦菜。他说："地闲着也是闲着，不如种点菜划算。而且菜熟了都是自己的，又不要地租。"

有些菜农寻找新的方式来进行生产。如宋阿姨利用三个小白棚，专门为北京市区里有特殊需要的人种蔬菜，一个棚可以种七八户所要求种植的各式各样的蔬菜，而且所有的菜不施化肥和喷洒农药，都是无公害蔬菜。菜成熟后通过手机联系客户直接到菜地里摘菜。

（四）不定的天气与多变的市场

代耕菜农们日夜最关注的内容之一便是天气状况和市场情况，这两者是影响菜价的最重要因素。天气和市场这看似完全没有关系的两类事项，在此处却有一种若即若离的配合。天气主要分为晴天和雨天、雪天。一般而言，若天气为晴天时，菜价一般较平稳或降低；若天气为雨雪天时，菜价会略微上涨或剧涨。究其原因，主要是在天气的影响下，京郊露天菜地、大棚菜地和外省菜贩三者的关系的变化。在天晴时，露天菜地的农民可以进入地里收割蔬菜，大棚菜地的菜农也可以收割蔬菜，外省菜贩可以把外地的蔬菜经高速公路拉到北京的市场上出售，这样，在北京市场需求量一定的情况下，三方共同的蔬菜供应量在一定程度上超过了北京市场的需求量，造成一定程度上的供过于求，因此菜价相对来说会降低。相反，在雨天和雪天时，京郊露天菜地的农民难以在泥水满溢的田地里收割蔬菜，外省菜贩因天气和交通问题而难以把蔬菜拉到北京的市场上出售，而京郊大棚菜地的菜农仍然可以收割蔬菜，这样，在北京市场需求量一定的情况下，三方共同的蔬菜供应量没有满足北京市场的需求量，造成一定程度上的供小于求，因此菜价相对来说会上涨。

菜农们对于天气的态度很相似，都持有一种较为纠结的态度。如刘哥认为："不要持续降雨，适可而止，这样菜价可以上涨，棚里的菜也不受损；如果降雨太多，会造成大棚积水，蔬菜受损，那还不如不下雨。"王叔认为："雨天凉爽，会影响菜的生长速度，如果大棚里进水还会使菜烂掉，但是菜价会或多或少地上涨。因为雨天的话，那些露天种植的菜不好收割且容易烂掉。晴天炎热，所有的菜长得都比较好，且方便收割，大家相互竞争会使菜价有所回落。"如果遇上晚上后半夜下大雨，菜农们也必须得从村里等住处赶到菜地里去关风口，加固土坎以防止雨水进入大棚。在夏季，北京地区的降雨频率、降雨量不同，但不论雨量大小、频率高低，菜农们都要尽量地防止和避免因雨水侵袭而造成的经济损失。

面对由于长时间的强降雨导致的菜棚积水，菜农们有相应的处理措施和策略行为。一般而言，菜农们防止在白棚里积水的办法只有在大棚内侧垒土坎。由于不同大棚的构造不同，降雨所形成的积水对不同大棚的影响也不同，遇到的情况也不同。砖棚是在地表上用砖垒墙而建的棚，其面对的最大威胁就是老鼠洞，雨水会从老鼠洞中灌入菜地。土棚是从地面向下挖的一个大概两米深的坑，由于地表雨水比土棚菜地位置较高，降水会渗透进大棚边缘的土里，一旦降水时间长且来势凶猛就会造成土棚坍塌，雨水借助势能将使之坍塌的情况更为严重。面对在土棚里的蔬菜被淹的情况，菜农们的实践策略是等到雨水停止，用水泵将土棚地里的积水抽到其他地方去。对于砖棚里的老鼠洞，菜农们却有些犯愁，由于政府严禁使用老鼠药，所以菜农对地里的老鼠及鼠洞只能听之任之，没有有效的方法来改善，只能使用抽水机来把积水抽干。

（五）夫妻分工、劳动姿态与感受体验

不论是耕作还是收割，不论是晴天还是雨天劳动，代耕菜农的身体都经历着考验。一日三餐是菜农们必需的，但有时因为忙而选择一日一餐。在身体能量得到补充的前提下，身体开始介入具体的劳动生产过程成为一种劳动力。在劳动过程中，劳动者利用自身能力和生产资料在生产产品的同时，也在消耗着自身的能力和生产资料，同时不同的劳动者需要

相互协作以完成具体的分工性工作。

代耕菜农夫妻二人共同劳动、相互合作，采取了一种模糊性的劳动分工形式，诸如在整个生产过程中，除了耕地和平地是男人专属负责外，其他过程为男女一起干或男女均可干，比如夫妇俩一起种菜、浇地、间苗、割菜、装筐等等。这并非像工厂流水线上的工人一般分工明确，也非中国传统农业社会中的"男耕女织"，而是一种分工不甚明确的劳动组织形式。

代耕菜农在劳动生产过程中以坐蹲姿势为主，站姿为辅，一天中绝大部分的时间都在以低姿势的形式进行劳动，而且女性菜农比男性菜农蹲坐更久。这种长时间的低姿势的耕作方式，容易使菜农们患腰椎病、关节炎（膝盖）和颈椎病。刘哥说："一般来说，大棚里的气温要比室外温度高出 5—10 摄氏度。天气越热，大棚里的温度越高。而且蹲着劳动久了，人们容易得腰椎病和颈椎病，还有膝盖也疼。"

当与菜农们谈到关于家乡和朱村的种地经验和感受的异同时，大多数菜农认为，两地的种植经验和感受都有区别。

如辛哥说："在朱村种菜和在老家种地有不一样的体验。在老家，我们主要种植玉米和小麦等粮食作物，庄稼一年两熟，在种地和收割时，我们可以雇别人的机器来耕种和收割，几乎不用人力投入，感觉挺轻松，没有现在这么累，也不用每天关心市场行情，农闲的时候还可以做临时工，但是一年的收入很少；而如今在朱村种菜，一年四季没有休息，每天又累又忙，人力投入太大，还得时刻关注市场行情，但是年收入比以前多一些。"

段大爷认为："在老家总结出的并适用的种地经验在这里（朱村）不适用。种地要因地制宜，根据当地的土壤、气候等条件来采取适当的种植手段。种菜浇灌时用井水比用雨水好，种庄稼灌溉时用雨水比用井水好。种大菜，虽可以远调，但其生长周期较长，菜价不好把握；种小菜，虽不能远调，但其生长周期短，菜价可以估量和把握。地种的时间久了，会产生板结、根线虫等。"

大部分菜农还认为，朱村当地人不如山东人和河南人会经营土地，山东人和河南人打理土地的效果比朱村本地人要好很多。种菜技能是代耕菜农们长期积累的种植经验以及根据具体情况灵活运用经验的结果。菜农们说出了在自己最熟悉的劳动环境和工作领域中对异地和故乡的不同感受与体会，这些不同的身体知觉与心理感觉都是他们身处异地时的真实感受。他们远离了原来的熟山熟水，来到异乡异地耕田种菜。

（六）菜农、菜贩与市场

市场交换主要在菜农与菜贩之间进行。在长子营镇暂住的以贩卖蔬菜为生的菜贩们都是外地人，其中大多数来自河南省和山东省，个别来自其他省份。他们一般以夫妻、兄弟、父子等组织形式贩卖蔬菜，以租房的方式住在长子营镇和采育镇等地，每天都要晚出早归，或晚出午归，或午出晚归，这种出与归的形式既取决于菜贩们是选择早市还是晚市，又取决于他们在市场上卖菜的效率与速度。

菜贩们先从菜农手里购买到蔬菜，然后驾驶货车将菜运往各地的菜市场销售，如河北省廊坊市农贸市场、北京市大洋路市场、北京市八里桥批发市场、北京市丰台区新发地农产品批发市场、北京市来广营和北京市东坝等地。不同的菜贩们下筐和收菜的时间各不相同。有些菜贩是头一天晚上下筐，第二天下午 2 点左右来拉菜，等到下次下筐时结上一次的账；有些菜贩是上午 10 点左右下筐，晚上 8 点左右来收菜，第二天上午 10 点左右再下筐并与菜农结前一天的账。有极个别的菜贩会在当天拉菜时就和菜农结账，绝大部分的菜贩都是第二天卖完菜才和菜农结账。

菜贩们在下筐之前都会在自己的菜筐外侧四周印上自己的名字、手机号、自己货车的车牌号（一般是车牌号后三位）或者一些其他标志，以便区分哪些是自己的菜筐，防止与其他菜贩把菜筐弄混。这是菜贩的分类逻辑。但是这种菜筐分类逻辑在实际卖菜中并未严格对应，他们有时并不会严格按照菜筐上的各种标签来进行分类，偶尔也会混淆。

在报菜价时，菜贩会先让菜农给出一个价格，如果菜农的出价低于应有的市场价格，菜贩则按菜农给出的菜价进行交易；如果菜农出价高于市场价格，菜贩则会和菜农商量价格，最后双方以较为合理的价格，即"双赢"价格，达成交易。这反映出了菜农和菜贩之间的"临时妥协"与"运作一致"，目的是完成各自的交易任务。

尽管蔬菜价格频繁波动，菜农们仍然会通过一些小道消息打探到部分蔬菜价格的信息。他们认为，当菜贩的售价与菜农的售价之间的单价差为每斤 0.4–0.5 元时，这个差价较为合理；如果单价差超过每斤 0.6 元则被认为是"暴利行为"。菜农与菜贩之间是讲"旧交情"的，菜农一般不会把菜卖给他们不信任的菜贩。对于菜农来说，他们找到较为稳定的买家，也能保证不被欺骗，偶尔缺斤短两、菜质下降也并不会少卖钱。而对于菜贩来说，他们找到能提供稳定货源的菜农，可以保证菜的质量和数量，保证自己的货源充足且优质，这样在市场上才能卖出较高的价钱。菜农如有可卖的蔬菜，会亲自联系菜贩。在菜农们没有菜可卖时，他们会告诉菜贩们第二天不要下筐了，有菜时再通知他们。

一般来说，菜农会把今天割好的、装进筐里的菜，先用手推车运到大棚外面的三轮摩托车上，再用三轮车把菜送运到大车旁进行交易。交易没有固定的场所，菜贩把货车停在哪儿，就在哪里进行交易。菜贩一般站在车厢里，电子秤台放在地上。这种秤是显示器和秤台分离的电子秤，只需要把菜筐放在秤台上面就可以在另一端的显示器上显示具体的重量。菜贩的车厢内都有一个铁钩子，菜贩用钩子钩住菜筐，菜农从下面用双手一托就把筐送上车里了，菜贩再将一筐筐菜摆放整齐，以便在车厢内可以多装一些菜。每个菜贩都有一个记账的小本子，记录着自己收了哪些菜农的哪些菜。晚上交易的时候是菜农们在一天的劳动过程中最有趣最消闲的时候，菜贩和菜农之间的关系很有趣，看他们讨价还价的过程乐趣无穷，似乎在享受一种"打情骂俏"的乐趣。当然也有一些不爱说话，和菜贩交流不多，信息闭塞的菜农会把菜以低价出售。会抽烟的菜农看到菜贩有烟时会毫不犹豫地直接拿过来抽。菜贩在结账时会一手用手机计算器算账，一手拿着小本子记录某日菜品重量乘以单价。这个输入单价的时刻是菜农最关注的时刻，也是这一时刻会产生讨价还价。比如菜贩输入的是油菜价格为 1.5 元 / 斤，菜农就会说怎么才 1.5 元，旁边小张（另一菜贩）给的菜价是 1.7 元 / 斤，这时，该菜贩就会说根本没有那个价，在市场的售价才是 1.7 元 / 斤。或者菜贩会以菜农的蔬菜质量为由拒绝给出较高的价钱，如菜贩会说，你那油菜都烂了、莜麦菜都蹿苔了，拉到市场上都不好卖；而菜农会说，市场价格很高，都涨到 2.5 元 / 斤了。当然，他们之间互相会开玩笑，如菜农在假装生气的时候会说，我把你（菜贩）的车给砸了；菜贩则会说，你媳妇自己在家呢？不过看似言辞激烈、情绪高涨的过程，其实并不是真正的吵架，而是一种熟人之间的"打闹"。

三、京郊代耕菜农的家庭、人际与情感

菜农的家庭总体上表现为一种以夫妻二人为核心的家庭为主，其子女在家乡或其他地方上学或工作，他们则在外地工作。在这种"异地化"家庭的情况下，代耕菜农们的住房类型、房屋布置、饮食习惯、民间信仰以及人生意义等呈现出不一样的图景。在菜农之间由陌生变为熟悉的过程中，他们处于一种"弱联系"社会之中，人际关系进行了重新组合，呈现为多重性。同时，菜农们的情感空间与体验也发生了转变与过渡。

（一）居住与家庭

在朱村的代耕菜农们主要有两种居住类型：租房与"建房"。租房主要是指菜农们在当地村落中通过与本地人协商来

租用他们的部分房屋。一般而言，一户菜农会租一到两间房。"建房"主要有两种，一是指菜农们在自己租种的大棚中，把一部分土地用来搭建居住空间，这种被称为棚户；二是指菜农通过在菜棚旁边搭建简易房居住。这两种居住类型在我们调查的其他村落中同样存在。就租房而言，每间房子的面积为15—20平方米，一般为南房（院子中最南面一排的房子），房租为200元/月，生活用水为自来水，电费为1元/度（比本地人所付电费每度单价要贵0.4—0.5元），水电费不包括在房租内，需另外自费。而就"建房"而言，每间房子的面积为20—25平方米，生活用水与灌溉用水合二为一，电费为1元/度。

朱村村委会出于人身安全的考虑，明令禁止菜农们住在菜棚和简易房里，因此，大多数菜农通过租房点缀式地居住在朱村内，但也有部分菜农仍旧在大棚里或大棚旁修盖的简易房里居住。这种居住类型是和劳动时间、劳动效率等因素相联系的。

2018年长子营镇镇政府和朱村村委会都开展了对所管区域的"乱盖乱建"的清理与拆迁。在朱村的棚户和简易房中，菜农被禁止用电，随后这些居所都被无情的大型机器所拆除。至此，朱村的所有菜农都到村里租房而居，相应地，房租也开始上涨，每间房由之前的200元/月涨到250元/月。部分代耕菜农被迫把置放在棚户或简易房中的家具等生产生活用品搬到了村内的房子之中，开启了一个新的居住类型模式。

　　当我们进入菜农们的居室时，看到的是一些简单的生活用具，居室内布局较显凌乱和简易。刘哥夫妇在砖棚里居住，他们的居室打开门之后映入眼帘的便是一个简陋的厨房，大概约2—3平方米，在一个木桌子上放着燃气灶和餐具。向右拐之后经过另一个门则是一个灯光昏暗的小屋，其面积有十几平方米左右，进门的右手边是一个冰箱，紧挨着冰箱的是一个类似学校宿舍使用的有上下铺的床，上铺放了一些乱七八糟的东西（如各式各样的袋子和箱子），下铺被电视柜挡着，需要从旁边小口钻进去才可以休息。正对着电视柜的是一个双人床，大床旁边的一个办公桌上堆放着孩子的书本和一些杂物（如电风扇）。在房屋中间有一个小桌子，这个桌子的底部是由箱子堆起来的，在箱子上面放了一块木板，主要被用作饭桌，桌子周围有四个马扎和一些啤酒瓶子。在这个屋里还有一个门，这个门连通了砖棚和这间小屋，砖棚里正种着一些莜麦菜。他们居住的房屋在冬季没有取暖设备，这对其身体和意志都是一个考验。

　　鲁哥夫妇住在白棚里的简易房中。他们的居住条件简单，房间内有两张床、一台电视机、一台电风扇、一台空调、一个桌子、两个小板凳和一个饮水机，屋外有简单的做饭设备（如电饭锅等）和洗衣机，他们还养了一条狗和两只小猫。在这简易房外围，便是用于种植芹菜的菜地。

　　与上述二者不同，王叔夫妇则在朱村村内租房居住。所租房的空间比较矮，目测房高约 2.3—2.5 米。王叔夫妇租了两间房，一间夫妻俩共住，另一间留给孩子住。大人这一屋的房间内部布局很简单，一张双人床、一个沙发、一个茶几、一个饭桌、一台电视、一台电风扇、一条电热毯和三个小板凳，墙上贴有三张画，屋角有一些杂物。孩子那屋就更简单了，一张单人床、一条电热毯、一台电风扇和一个冰箱，仅此而已。房间外面停靠着一辆自行车、一辆电动车和一辆三轮摩托车。

　　最重要的是，绝大部分菜农的居所中没有取暖设备，在较为寒冷的冬季里，他们只能靠电热毯和自己的体温来过冬，而冬季长时间地在寒冷的屋子里休息会引起和加重菜农的部分身体疾病。

　　由此可见，不论是居住在菜棚里的菜农还是居住在朱村村内的菜农，他们的居住条件均较为简陋，房内布置都较为简单。之所以会呈现出这样一幅场景，是因为对菜农们而言，他们很清楚在朱村种地生活不是长久之事，迟早有一天都会离开此地，因此暂留期内的居住条件就显得不是太重要，重要的是夫妻之间的劳作与陪伴，以及为了在家乡上学或工作的孩子能顺利发展。

代耕菜农们一般会在当地集市上购买自家所需的日常用品。每周二、周六的赶集是朱村最热闹的活动之一。集市一年四季，按期举行。除了个别时间受不良天气影响而无法举行外，其余时间都在进行着。赶集是一个人群互动的重要枢纽和渠道，是交流感情的基地。人们通过赶集可以互相交流，这种交流不仅是言语上的，而且是面部表情上的和心理状态上的。在集市上，既有本村人，又有外村人，还有外省人（主要是菜农和花农），他们共同构成了集市的主体。赶集是他们整体生活的一部分，也是当地社会正常运行的有效机制。

（二）"弱联系"的人际交往

京郊代耕菜农从原有的血缘、地缘和业缘三种性质的交际圈抽身出来，进入了一个既陌生又熟悉的具有地缘和业缘的人际关系网络之中，后者的地缘性、业缘性与前者大不相同。一方面，代耕菜农们因更换了工作环境、居住环境以及人际交往环境而会有一种陌生感；另一方面，因在其周围从事同一职业的人群是自己的老乡（范围可大可小）或亲戚，都说同一种方言，因此他们之间又感觉到熟悉和亲切（相较于朱村人而言）。代耕菜农们开始来到异地时，几乎是人生地不熟，只认识一些把自己介绍到此地的老乡或亲戚，随着彼此的交流逐渐频繁与深入，他们之间渐渐地建立起了某种认同感——"我们的方言一样，我们是同一块地方的人"。

这种方言与地域的认同感在一定程度上加强和巩固了菜农们彼此的人际交往，但是这种交往是一种联系方式。绝大多数的京郊代耕菜农来自山东省西南部地区和河南省东北部地区，他们虽来自不同的行政省市，但却同说一种方言——北方方言中的某一种方言。这种方言的表达展现出了菜农们的地域所属关系以及其背后所承载的文化习俗。正是这种方言与地域具有的相对的对应性关系，使得菜农们从语言和口音上就可以和持北京话的京郊本地人区别开来。同时，这种方言的文化性也在很大程度上加强了菜农们之间交流与联系的可能性。王叔说："来这里的山东人与河南人（老家居住地）相距不算太远，而且都算同一种方言，我们都可以听懂对方说的话的意思。这也方便了我们之间的交流与相处。"由此可见，方言在社会人际关系中起着微妙的作用，它使得陌生的菜农们之间增加了一些熟悉感，在一定程度上提供了彼此交流与合作的可能性。

每年十月中旬至十一月底是集中换大棚膜的时间段。当有菜农需要换塑料膜的时候，其他邻棚的菜农们都会过来帮忙，一起劳动。一天的换膜活动结束后，这时被帮助的那家菜农就要请帮忙者们在村里的饭店或镇里的饭店吃饭喝酒。这是一种"帮工"行为，而这种帮工行为的实现，一方面取决于菜农们在功能上的需要，另一方面取决于菜农们在日常劳动过程中对人情世故的知识性与常识性判断而形成的价值理念。通常，只有言而有信、肯出力的人才会被选为帮工的对象，对那些投机取巧、不肯出力的人则置之不理。菜农们在整个劳动过程中，将自己的感受经验化，促进人际关系上的感情积累或破裂。

帮工行为是建立在一定"人缘"（人际关系）基础之上的交换行为，更多地体现了一种"道义经济"而不是完全的"实践理性"。它是一种人为构建的"等意"的交换过程。在这一你帮我、我帮你的过程中，菜农之间的老乡情感与老乡认同被唤醒和加深了，同时，一种老乡团结的集体意识在如换膜、修井等集体行为中加以体现和巩固。但是，当菜农们结束了集体行为（如历经半个多月的换膜活动）之后，他们便又恢复到相对的"各自为营"的原状，默默地进行着劳动生产与市场交换。

当在种菜过程中遇到不懂的问题时，新手就会主动向有经验的菜农老乡们请教与学习，老乡们一般都会告诉他具体是怎么一回事儿，但有时也不会完全地、百分之百地告诉他，这隐含地表达了菜农之间存在着一种微妙的竞争关系，菜农们之间不会把重要的农业信息告诉对方。在农药使用方面，有经验的菜农们会告诉无经验的菜农们关于蔬菜防虫需要哪几种类型的农药的信息，但绝不会告诉对方农药的配置比例，有时候还会给出错误的信息。刘哥初来朱村时，由于之前没有种地的经验，所以他不知道如何防止病虫害。当他在向有经验的菜农们请教防虫防病的问题时，那些菜农告诉了他一些不正确的农药配置比例等信息，以至于害虫没被杀死反而导致了蔬菜减产。

（三）子女、教育与家的意义

对于菜农们来说，最为重要的事情之一便是子女的教育、工作和婚嫁问题。当我们问许多菜农他们这么辛苦地劳动为了什么时，得到的普遍回答是："我们劳动就是为了让孩子们更好地成长与发展，给他们提供更好的条件。"

孩子的学习问题是让他们最为头疼的问题。菜农说："我们在外地，孩子只能在老家上学，把孩子接到身边的话就没法上学（因没有当地要求的'五证'）。现在，孩子只能和爷爷奶奶在一起生活，成了'留守儿童'。由于爷爷奶奶年纪较大，所以孩子的学习没人辅导与帮助。"

鲁大嫂告诉笔者："一定要好好上学，种地太辛苦。现在出去打工，老板都要看文凭，没有文凭只能做一些苦力活。"正因为如此，她经常告诫自己的女儿们要好好读书，争取考上名牌大学，以后找个好工作。她说："孩子们回来（到朱村）

后，我感觉不到时间过得快，可是等到她们一走，我的心里就空落落的。大女儿和我说等到她中考前复习的时候让我和她爸都回去陪她，我们都答应了她。平时可以不回去，可是到了关键的时候还是要回去陪孩子。"就在 2018 年 6 月份，鲁大嫂兑现了自己答应女儿的诺言。在她的微信朋友圈中可以看到她所发送的视频，视频内容为他们一家人都在陪着女儿复习考试，在考试当天他们都在校门口等待着女儿。

刘哥打算买一辆新汽车，他说："一方面买车出行会方便很多，回老家的时候不用抢火车票；另一方面是到了这个年龄（38 岁），车已经成了必需品，是非买不可的。"他之前打算买一辆十四五万的车，现在已经降低标准，打算买一辆七八万的车，原因是两个孩子（都是男孩）已经慢慢长大，上学和成家需要很多的资金。刘哥在家乡的房屋面临着拆迁，他打算花 40 万左右买两套房子，给孩子们预备着。车和房的价钱总和将近 60 万元，但是目前自己手头的钱不够这么多。因此，"接下来几年对我来说将是压力最大的几年，"刘哥说，"孩子没有长大之前，自己还没有太大压力，每天活得还很潇洒，但是孩子长大之后，自己慢慢懂得承担责任了。"

万阿姨抱怨说："今年（2017 年）挣的钱不够花，一棚菜一茬只能卖两千多元。儿子上学（学费、住宿费、饭费和零花钱等）、买手机、买电脑都要花钱，从高中到现在已经花掉 18 万元左右了。他又刚报了一个计算机培训班，学费和食宿费大约 1 万元。他不爱学习，学习不怎么好，毕业找个工作就可以了。除了儿子消费，我们也要吃喝、住房、种地，这些都要花钱，你叔叔还要一天抽两盒烟，这些都要花钱。今年挣得不多，收支差不多。"随后她又强调了一遍："我老公一天要抽两盒烟，抽烟有什么好，既对身体不好又浪费钱。"

以上诸多案例都反映了菜农们对子女教育问题的关心，他们对待子女的教育问题的态度是"教育为重、儿女为大"。菜农们通过努力地劳动与生产以便让家庭的生活更加美好，让日子更加好过。同时，他们也在尽力地给孩子们提供较好的条件并创造良好的环境，让孩子们能够更好地成长与发展。这真可谓"可怜天下父母心"。在菜农们琐碎的日常生活背后，有一个隐藏着的意义世界，这个世界既为他们提供动力，又给其带来压力。

相较于子女而言，"家"的意义在菜农生活中同样占据着重要的位置。关于"家"，不同菜农有不同的理解与解释。何大娘认为，"儿子没结婚时，父母在哪，哪就是家；儿子结婚后，儿子在哪，哪就是家。"这句简单的话蕴含着深意，"家"是中国传统社会和现代社会中最为重要的一个领域。"家"既体现了一种代际血缘传承，也体现了一种责任继替。

王叔说："对于小家庭而言，目前主要是供孩子读书，一切为了孩子，我们夫妻俩省吃俭用都为了能够让孩子更好。对于大家庭而言，我妈妈去世了，爸爸还在，我要孝敬老人，我大哥在老家和父亲一起生活，二哥今年刚回去，四弟也在外打工。我已经有好多个春节没回去了，今年春天回去了一次。我们一般都是通过手机来联系，没有太大的事情不会回去。我一般会寄钱给爸爸，支援哥哥弟弟和姐姐们。和过去相比，现在生活得还可以。如果回老家和亲人待到一起，时间长了会有分歧和矛盾，还不如在外面生活。我现在还不想回老家生活。"

在菜农的观念里，小家庭和大家庭都很重要，既看重小家庭中的代际传承和孩子的生活，又看重大家庭中孝敬老人和兄弟姐妹之间的亲情。这种对"家"的分类是王叔个体经验的体现。总之，对菜农们而言，"过日子"不仅是指自己的生活，而且还指孩子的成长、成家与立业，甚至涉及早已死去的祖先和尚未出生的后代。

四、结论

本田野调查报告以大兴区东端长子营镇朱村的代耕菜农为例，以民族志的方式全方位描述该劳动群体的劳动境况、生产安排、人际交往与市场交易的细节。长子营镇出现代耕菜农的历史不长，时间上不超过十年，但是这里的菜农很多都是从大兴区其他地方、丰台区转移游耕过来的，有些人在北京的代耕史长达近三十年。对他们展开深度的田野调查，更有利于浮现整个北京南部郊区代耕菜农的耕作历程。

为了浮现生产过程的细节，本报告对劳动现场、土地安排、市场贸易的场景均做了深描，以利于读者对该群体展开更深刻的理解。朱村的菜农同样为蔬菜种植工作投入了密集的劳动，为了使自身劳力与土地安排相配套，他们全面投入自身的"活劳动"。一对夫妻每天的生活与生产是衔接混同的，二人的劳动配合也几乎处于无声的状态里，使得自身的产能最大化。实际上，朱村上千个蔬菜大棚中的耕作劳动，也像是一个沉默的劳动世界。不过这个沉默的劳动世界与周围的蔬菜贩子、各种贸易市场密切联系，代耕菜农为整个北京地区提供了海量的蔬菜。

　　在生产生活与市场贸易的过程中，菜农们既有自己遵守的文化规矩，同时也会最大化地使用个人的理性实践能力。在搭建大棚、安排农业、交易蔬菜时，每个菜农几乎都会穷尽自身的知识能力。这是一群劳动特征同质性极大的人——他们确实是"理性的小农"。但是，不管他们在日常生产中有多么弱的人际联系，市场贸易上的道义规则、菜农内部的文化往来，都是他们必须遵守的基本行动规则。

　　生产的限制和对利润的向往，不仅让菜农成了最艰辛的劳动者，而且使得他们几乎陷于原子化的耕作状态：菜农内部的社会交往并不多，遑论菜农与当地人之间的交往有多频繁。朱村的代耕菜农与大兴区其他镇区的菜农群体不同，他们大多数居住在当地人建的平房而不是自建的棚户里，居住条件相对更好一些。但是，与当地人居住的距离更近，并不完全意味着有更深的社会交往，他们几乎仍处于各自生活的状态里，远不是那种交互的、嵌入的社区关系。但是，他们即使常年身在外地，也对子女、对未来充满了期待。在他们心中，永远寄托了"家"的归属和"家"的意义。